deu

Bettina Holdrich

Lesen & Schreiben

A1

Hueber Verlag

Quellenverzeichnis

Seite 14: 1: © fotolia/Alessio Zoffranieri; 2: © fotolia/300dpi; 3: © fotolia/Dragan Radojkovic; 4: © iStockphoto/manley620; 5: © fotolia/Maree, 6: © fotolia/photolook; 7: © fotolia/Sergej Razvodovskij; 8: © fotolia/Viktor Gmyria

Seite 32: 1: © Bildunion; 2: © fotolia/Valua Vitaly; 3: © MEV; 4: © fotolia/sumnersgraphicsinc; 5: © Josef Bernbacher & Sohn GmbH & Co. KG; 6: © Alois Dallmayr Kaffee OHG; 7: © Eckes-Granini Deutschland

Seite 33: 8: © MHV; 9: © Langnese Honig GmbH & Co. KG; 10: © Karl Kühne KG; 11: © Hansa-Milch AG; 12: © Dr. August Oetker Nahrungsmittel KG; 13: © ALDI Einkauf GmbH & Co. OHG; 14: © MHV; 15: © Adelholzener Alpenquelle GmbH

Seite 42: 1: © fotolia/martintu; 2: © fotolia/Nedjo; 3: © fotolia/Bianka Hagge

Seite 43: 4: © fotolia/Irina Fischer; 5: © fotolia/Phototom

Seite 52: Logo "Das Erste": © Erstes Deutsches Fernsehen; Logo "ZDF": © ZDF; Logo „RTL": © RTL Television GmbH

Das Werk und seine Teile sind urheberrechtlich geschützt.
Jede Verwertung in anderen als den gesetzlich zugelassenen Fällen
bedarf deshalb der vorherigen schriftlichen Einwilligung des Verlags.

Hinweis zu § 52a UrhG: Weder das Werk noch seine Teile dürfen ohne
eine solche Einwilligung überspielt, gespeichert und in ein Netzwerk
eingespielt werden. Dies gilt auch für Intranets von Firmen, Schulen
und sonstigen Bildungseinrichtungen.

3.	2.	1.		Die letzten Ziffern
2014	13	12	11 10	bezeichnen Zahl und Jahr des Druckes.

Alle Drucke dieser Auflage können, da unverändert,
nebeneinander benutzt werden.
1. Auflage
© 2010 Hueber Verlag, 85737 Ismaning, Deutschland
Redaktion: Katrin Dorhmi, Hueber Verlag, Ismaning
Covergestaltung: Parzhuber und Partner, München
Coverfotos von links: © iStockphoto/Thomas_EyeDesign; © iStockphoto/iofoto;
© iStockphoto/Felix Mizioznikov
Zeichnungen: Irmtraud Guhe, München
Layout & Satz: appel media, Oberding
Druck und Bindung: Ludwig Auer GmbH, Donauwörth
Printed in Germany
ISBN 978–3–19–457493–9

Inhalt

Vorwort 4

A. Personen 5
    A1 Wer ist das? 5
    A2 Familie Becker – Ein Formular .. 8
    A3 Wortschlange 10
    A4 Wie geht's? 11

B. Dinge 12
    B1 Was ist das? 12
    B2 Ist das ein Elefant? 13
    B3 Was kosten die Elektrogeräte? . 14
    B4 Hast du eine Waschmaschine? . 16
    B5 Mein und dein 18

C. Alltag 21
    C1 Orientierung 1 21
    C2 Orientierung 2 23
    C3 Ein normaler Tag 25
    C4 Freundinnen schreiben E-Mails . 28

D. Essen und Trinken 32
    D1 Ein Supermarkt-Prospekt 32
    D2 Speisekarte im Café 35
    D3 Was essen die Leute? 38

E. Wohnen 40
    E1 Wo wohnst du? 40
    E2 Eine Wohnung suchen 42
    E3 Einladungen und Briefe 44

F. Freizeit und Hobby 49
    F1 Was machst du gern? 49
    F2 Das Fernsehprogramm 52
    F3 Wohin gehen wir heute? 55
    F4 Wie war das Wochenende? ... 58

G. Unterwegs 61
    G1 Reisen 61
    G2 Wie fährst du? – Mit dem Bus. .. 65
    G3 Ein Urlaub – zweimal erzählt .. 66
    G4 Wann fährt der Zug? 70

H. Arbeit, Beruf, Lernen 74
    H1 Das Alphabet der Berufe 74
    H2 Lernstationen 77
    H3 Ein Termin – viele Termine! ... 80
    H4 Deutsch lernen macht Spaß ... 83

Lösungen 85

Vorwort

Liebe Lernerinnen, liebe Lerner,

deutsch üben Lesen & Schreiben A1 ist ein Übungsheft für Anfänger mit geringen Vorkenntnissen zum selbstständigen Üben und Wiederholen.
Es eignet sich zur Vorbereitung auf die Einreise nach Deutschland bzw. zur Überbrückung hin zum Integrationskurs.
Sie können Ihre bereits vorhandenen Sprachkenntnisse erhalten und vertiefen, Kurspausen überbrücken oder sich auf die Prüfungen der Niveaustufe A1 des *Gemeinsamen Europäischen Referenzrahmens* (z. B. Start Deutsch 1) vorbereiten.

deutsch üben Lesen & Schreiben A1 orientiert sich an den gängigen A1-Lehrwerken (z. B. *Schritte*) und trainiert die Fertigkeiten Lesen und Schreiben auf dem Niveau A1. Die authentisch gestalteten Texte behandeln viele wichtige Textsorten, die Ihnen im Alltag begegnen. Abwechslungsreiche Übungen trainieren Ihr Leseverständnis und begleiten Ihre ersten Schritte im schriftlichen Ausdruck. Zahlreiche Tipps zu Satzbau und Grammatik helfen Ihnen dabei. Die unterhaltsamen Illustrationen fördern Motivation und Lernerfolg.

Zu allen Übungen finden Sie im Anhang einen ausführlichen, übersichtlichen Lösungsschlüssel.

Viel Spaß und Erfolg!

Autorin und Verlag

Abkürzungen:

m	maskulin, männlich	*der Hund*
f	feminin, weiblich	*die Katze*
n	neutral, sächlich	*das Pferd*
Pl	Plural, Mehrzahl	*die Tiere*

A. Personen

A1 Wer ist das?

1a) Ergänzen Sie. Es ist immer *eine* Person.

Tina • London • England

1. Das bin ich. Ich heiße ___Tina___.
   Ich komme aus ___England___.
   Ich wohne in _____.

Argentinien • Ricardo • Buenos Aïres

2. • Wie heißt du?   ■ Ich _____ _____.
   • Woher kommst du? ■ Ich _____ ____ _____.
   • Wo wohnst du?   ■ Ich _____ ____ _____.

ein Mann • Frankfurt • Erkan • der Türkei

3. Das ist _____ _____.
   Er heißt _____.
   Er kommt _____ ____ _____.
   Er wohnt _____ _____.

Australien • eine Frau • Berlin • Susan

4. Das _____ ____ _____.
   Sie _____ _____.
   Sie _____ ____ _____.
   Sie _____ ____ _____.

! Lerntipp
ein Mann: er   eine Frau: sie

A

1b) Schreiben Sie die Verben aus Nummer 1 bis 4 in der richtigen Form in die Tabelle:

	heißen	kommen	wohnen	sein !
ich	_heiße_	_____	_____	_____
du	_____	_____	_____	_____
er, sie	_____	_____	_____	_____

1c) Ergänzen Sie. Es sind immer *zwei* Personen.

kommen • sind • wohnen

1. Wir _sind_ Lisa und Paul.
   Wir _____ aus München.
   Wir _____ auch in München.

seid • wohnt • kommt

2. Ihr _____ Erkan und Müberra.
   Ihr _____ aus der Türkei.
   Ihr _____ in Frankfurt.

kommen • wohnen • sind

3. Das _____ Paul und Lisa.
   Sie _____ aus München.
   Sie _____ auch in München.

1d) Schreiben Sie jetzt die Verben aus den Dialogen in die Tabelle:

	kommen	wohnen	sein !
wir	kommen	_____	_____
ihr	_____	_____	_____
sie	_____	_____	_____

1e) Schreiben Sie Sätze.

1. ich – kommen – Italien   Ich komme aus Italien.
2. er – wohnen – Österreich   Er _____
3. sie – heißen – Isabel   _____
4. wir – wohnen – München   _____
5. Eva und Anton – wohnen – Köln _____
6. er – kommen – Norwegen   _____
7. du – wohnen – Madrid   _____
8. ihr – kommen – Russland   _____

! Ländername (Nominativ)	kommen aus … / wohnen in … (Dativ)
Deutschland	… aus / in Deutschland
Spanien	… aus / in Spanien
London	… aus / in London
Berlin	… aus / in Berlin
die Türkei (f)	! … aus **der** / in **der** Türkei
die Schweiz (f)	! … aus **der** / in **der** Schweiz
die USA (Pl)	! … aus **den** / in **den** USA

A. Personen

A2 Familie Becker – Ein Formular

2a) Lesen Sie.

Das ist Familie Becker. Susanne Becker ist am 5. April 1979 in Hamburg geboren.

Sie ist Hausfrau. Susanne ist mit Marc verheiratet.

Marc Becker ist am 28. September 1977 in Bielefeld geboren. Er ist Ingenieur von Beruf.

Marc und Susanne haben zwei Kinder: Paul, geboren 2002 und Anna, geboren 2004.

2b) Jetzt kennen Sie Familie Becker. Füllen Sie das Formular aus.

Familienname	Vorname	Geschlecht
Becker	Susanne	m ☐ w ☒
Geburtsdatum	**Geburtsort**	**erwerbstätig**
05.04.1979		ja ☐ nein ☒

Kinder	ja ☐ nein ☐	
Familien- und Vorname	**Geburtsjahr**	**Geschlecht**
_____	_____	m ☐ w ☐
_____	_____	m ☐ w ☐

Ehemann/Ehefrau

Familienname	Vorname	Geschlecht
_____	_____	m ☐ w ☐
Geburtsdatum	**Geburtsort**	**erwerbstätig**
_____	_____	ja ☐ nein ☐

m = männlich (ein Mann oder ein Junge)
w = weiblich (eine Frau oder ein Mädchen)

erwerbstätig = arbeitet und verdient Geld

2c) Sehen Sie das neue Formular an und schreiben Sie einen Text über Familie Aydin. Der Lesetext bei a) kann Ihnen dabei helfen.

Familienname	Vorname	Geschlecht
Aydin	*Osman*	m ☒ w ☐
Geburtsdatum	**Geburtsort**	**erwerbstätig**
21.06.1973	*Ankara*	ja ☒ nein ☐

Ehemann/Ehefrau

Familienname	Vorname	Geschlecht
Aydin	*Gülan*	m ☐ w ☒
Geburtsdatum	**Geburtsort**	**erwerbstätig**
01.02.1972	*Istanbul*	ja ☒ nein ☐

Kinder ja ☒ nein ☐

Familien- und Vorname	Geburtsjahr	Geschlecht
Aydin Yara	*1999*	m ☐ w ☒
		m ☐ w ☐

Das ist Familie Aydin. Osman

A3 Wortschlange

3a) Markieren Sie, wo die Wörter aufhören.

wie / heißt / dumeinnameistpaulerkommtausmünchenwasistsievon
berufsieistlehreringutentagfraumüllerwiegehtesihnendankegutundihnen
weristdasdasistpetraistdasihretaschejadasistmeine

3b) Wie heißen die Sätze in der Wortschlange? Welche Sätze gehören zusammen?

1. • <u>Wie heißt du</u>?   2. _____.
   ■ <u>Mein</u> Name ist Paul.

3. • _____ ?   4. • _____ , _____ ! _____ ?
   ■ _____ .   ■ _____ , ____ ! _____ ?

5. • _____ ?   6. • _____ ?
   ■ _____ .   ■ ____ , _____ .

> **! Was schreibt man groß?**
> - Das **erste** Wort im Satz: **W**ie heißt du? **M**ein Name ist …
> - **Nomen** (Wörter für Dinge und Personen): der **N**ame, der **B**eruf, die **L**ehrerin, der **T**ag, die **T**asche
> - **Namen** und **Titel**: **P**aul, **M**ünchen, **F**rau **M**üller, **P**etra
> - **formelle** Wörter: **S**ie, **I**hnen, **I**hre **T**asche

Sehen Sie sich jetzt Ihre Sätze von b) noch einmal an: Haben Sie alle diese Regeln beachtet?

3c) Groß oder klein? Korrigieren Sie.

<u>D</u>/das ist eine stadt. die stadt heißt salzburg. hier gibt es viele touristen, viele museen und viel musik. herr müller und frau müller gehen heute in ein konzert. die karten sind nicht teuer.

A4 Wie geht's?

4a) Formell (Sie) oder informell (du)? Sortieren Sie.

Freunde • Leute auf der Straße • Familie • Kunde und Verkäuferin • Gute Kollegen • Mitarbeiter und Chef

Kunde = kauft etwas; Verkäuferin = verkauft etwas; Mitarbeiter = arbeitet in einer Firma

Sie (formell)	du (informell)
	Freunde

4b) Schreiben Sie für die formelle und die informelle Situation den passenden Dialog.

Auch gut, danke. • Hallo, wie geht's? • Danke, gut, und Ihnen? • Danke, gut, und dir? • Guten Tag, wie geht es Ihnen? • Auch gut, danke.

Sie (formell)	du (informell)
• _Guten Tag, wie geht es Ihnen?_	•
■	■
•	•

4c) Jemand fragt „Wie geht's?". Sortieren Sie die Antworten.

gut • es geht • schlecht • sehr gut • nicht so gut

sehr gut _____ _____ _____

😊 ←---→ ☹

normaler Dialog | Freunde und Familie

A. Personen **11**

B. Dinge

B1 Was ist das?

1a) Lesen Sie.

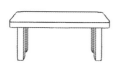
Das ist **ein** Tisch.
Der Tisch ist groß.

Das ist **eine** Rose.
Die Rose ist schön.

Das ist **ein** Haus.
Das Haus ist klein.

Das sind Rosen.
Die Rosen sind rot.

1b) Schreiben Sie die Artikel.

1. Straße (f)   Das ist _eine_ Straße. _Die_ Straße ist lang.
2. Auto (n)   Das ist _____ Auto. _____ Auto ist schnell.
3. Markt (m)   Das ist _____ Markt. _____ Markt ist billig.
4. Geschäft (n)   Das ist _____ Geschäft. _____ Geschäft ist teuer.
5. Häuser (Pl)   Das sind _____ Häuser. _____ Häuser sind groß.
6. Platz (m)   Das ist _____ Platz. _____ Platz heißt „Marktplatz".
7. Büro (n)   Das ist _____ Büro. _____ Büro ist klein.
8. Pullover (m). Das ist _____ Pullover. _____ Pullover ist warm.
9. Schuhe (Pl)   Das sind _____ Schuhe. _____ Schuhe sind braun.
10. Tasche (f).   Das ist _____ Tasche. _____ Tasche ist elegant.

> **! der, die, das**
> - Wörter mit **-e** am Ende sind normalerweise feminin: **die** Rose, die Straße.
> - Kurze Wörter (eine Silbe) haben normalerweise den Artikel **der** oder **das**:
>   **der** Tisch, **das** Haus.
> - Am besten: Kontrollieren Sie den Artikel im Wörterbuch.

B2 Ist das ein Elefant?

Lesen Sie das Beispiel und ergänzen Sie dann die Sätze.

- Ist das ein Elefant?
- Nein, das ist kein Elefant, das ist ein Hund.

> **! Negation**
> **maskulin:** ein Elefant kein Elefant **neutral:** ein Glas kein Glas
> **feminin:** eine Blume keine Blume **Plural:** Blumen keine Blumen

1. • Ist das ein Buch?
   ■ Nein, das ist _kein_ _Buch_, das ist _ein_ _Heft_. (Heft, n)

2. • Ist das eine Tasche?
   ■ Nein, das ist _____ _____, das ist _____ _____. (Tüte, f)

3. • Ist das ein Messer?
   ■ Nein, das ist _____ _____, das ist _____ _____. (Schere, f)

4. • Ist das eine Schere?
   ■ Nein, das ist _____ _____, das ist _____ _____. (Schlüssel, m)

5. • Ist das eine Tüte?
   ■ Nein, das ist _____ _____, das ist _____ _____. (Rucksack, m)

6. • Ist das eine Zeitung?
   ■ Nein, das ist _____ _____, das ist _____ _____. (Zeitschrift, f)

7. • Ist das ein Telefon?
   ■ Nein, das ist _____ _____, das ist _____ _____. (Computer, m)

8. • Sind das Schuhe?
   ■ Nein, das sind _____ _____, das sind _____ _____. (Socken, Pl)

B

B3 Was kosten die Elektrogeräte?

> **Dativ**
> der Computer – **mit dem** Computer
> die Kamera – **mit der** Kamera
> das Handy – **mit dem** Handy

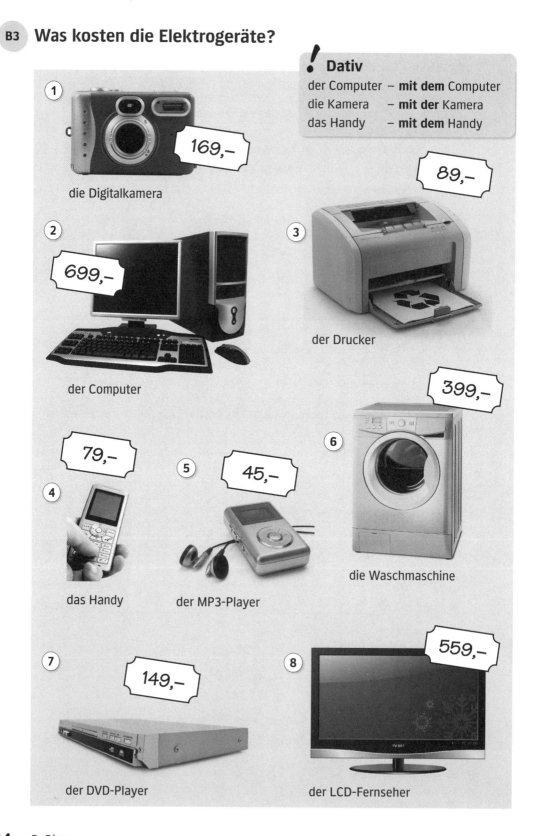

Was kosten die Geräte? Was kann man damit machen? Schreiben Sie.

Musik hören • telefonieren und SMS schreiben • fernsehen •
Texte oder Fotos drucken • Fotos machen • Texte schreiben und im Internet surfen •
Wäsche waschen • DVDs ansehen

1. *Die Digitalkamera kostet 169 Euro.*
   Mit der Digitalkamera kann man Fotos machen.

2. *Der Computer*
   Mit

3.

4.

5.

6.

7.

8.

B. Dinge

B

B4 Hast du eine Waschmaschine?

4a) Lesen Sie die Dialoge.

(m)	(f)	(n)
• Hast du **einen** Computer?	• Hast du **eine** Kamera?	• Hast du **ein** Radio?
■ Ja, ich habe **einen** Computer. Und du?	■ Ja, ich habe **eine** Kamera. Und du?	■ Ja, ich habe **ein** Radio. Und du?
• Ich habe **keinen** Computer.	• Ich habe **keine** Kamera.	• Ich habe **kein** Radio.

> **! Akkusativ**
>
> **maskulin**   ein Computer   –   Ich habe ein**en** Computer.
> **feminin**   eine Kamera   –   Ich habe eine Kamera.
> **neutral**   ein Handy   –   Ich habe ein Handy.

> **! Artikel-Tipp**
>
> Wörter mit **-e** am Wortende sind oft feminin: **die** Waschmaschine, **die** Mikrowelle.
> Apparate mit **-r** am Ende sind oft maskulin: **der** Computer, **der** Fernseher, **der** Drucker.

4b) Schreiben Sie Dialoge.

1. Waschmaschine (f)

   • Hast du _eine Waschmaschine_ ?

   ■ Ja, ich habe _____. Und du?

   • Ich habe _____.

2. Fernseher (m)

   • Hast du _____?

   ■ Ja, _____. Und du?

   • _____.

16   B. Dinge

3. Handy (n)
   - _____
   - _____
   - _____

4. Mikrowelle (f)
   - _____
   - _____
   - _____

5. Drucker (m)
   - _____
   - _____
   - _____

6. DVD-Player (m)
   - _____
   - _____
   - _____

7. Auto (n)
   - _____
   - _____
   - _____

8. Fahrrad (n)
   - _____
   - _____
   - _____

B5 Mein und dein

5a) Schreiben Sie die Antworten auf die Fragen in die Tabelle.

Ja, das ist meine Tasche. • Nein, das ist dein Buch. • Nein, das ist seine Tasche. • Ja, das ist mein Buch. • Nein, das ist ihr Schlüssel. • Nein, das ist dein Schlüssel. • Nein, das sind seine Bücher. • Nein, das ist ihr Buch. • Nein, das ist ihre Tasche. • Nein, das ist sein Schlüssel. • Nein, das ist deine Tasche. • Ja, das sind meine Bücher. • Nein, das sind deine Bücher. • Nein, das ist sein Buch. • Nein, das sind ihre Bücher. • ~~Ja, das ist mein Schlüssel.~~

	Ist das dein Schlüssel?	Ist das deine Tasche?	Ist das dein Buch?	Sind das deine Bücher?
ich	Ja, das ist mein Schlüssel.	Ja, _____	_____	_____
du	Nein, das ist dein _____.	Nein, _____	_____	_____
er	Nein, das ist sein _____.	_____	_____	_____
sie	Nein, das ist ihr _____.	_____	_____	_____

> **! Lerntipp**
> *die* Tasche (feminin) → mein**e** Tasche   *die* Bücher (Plural) → mein**e** Bücher

5b) Schreiben Sie.

1. ich – das Haus *Das ist mein Haus.*
2. er – das Auto _____
3. du – der Stift _____
4. ich – die Jacke _____
5. sie – das Handy _____
6. er – die Hefte _____
7. du – die Tasse _____
8. sie – die Schuhe _____

5c) *du* und *Sie* – Schreiben Sie.

du:		Sie:
1. Ist das dein Pass?	→	*Ist das Ihr Pass?*
2. Ist das dein Auto?	→	_____
3. Ist das deine Adresse?	→	_____
4. Ist das deine Telefonnummer?	→	_____
5. Ist das dein Stift?	→	_____
6. Ist das deine Uhr?	→	_____
7. Ist das deine Tasche?	→	_____
8. Sind das deine Bücher?	→	_____

5d) Bitte, kannst du mir das leihen? – Lesen Sie die Beispiele und schreiben Sie dann.

Ich muss schreiben, aber ich habe **keinen Stift**!
Kannst du **mir deinen Stift leihen**, bitte?

Mir ist kalt, aber ich habe **keine Jacke**!
Kannst du **mir deine Jacke leihen**, bitte?

Ich muss die Kinder von der Schule abholen, aber ich habe **kein Auto**!
Kannst du **mir dein Auto leihen**, bitte?

1. Ich muss in die Stadt fahren – das Fahrrad

    Ich muss in die Stadt fahren, aber ich habe kein Fahrrad!
    Kannst du mir dein _____

2. Ich verstehe ein Wort nicht – das Wörterbuch

    Ich verstehe _____
    _____

3. Ich muss telefonieren – das Handy

    _____
    _____

4. Mir ist kalt – der Pullover

    _____
    _____

5. Ich muss einkaufen – die Kreditkarte

_____

_____

5e) Bitte, kannst du mir das geben? Können Sie mir das geben? – Schreiben Sie.

1. Wir essen und ich möchte das Salz.
(du) _Bitte, kannst du mir das Salz geben?_
(Sie) _Bitte, können Sie mir das Salz geben?_

2. Wir sind im Deutschkurs und ich möchte Papier.
(du) _Bitte, kannst du_ _____
(Sie) _____

3. Wir essen und ich möchte das Brot.
(du) _____
(Sie) _____

4. Ich möchte die Telefonnummer von jemandem (mir – geben).
(du) _____
(Sie) _____

5. Ich brauche Hilfe (mir – helfen).
(du) _____
(Sie) _____

6. Das Fenster ist zu und mir ist warm (aufmachen).
(du) _____
(Sie) _____

7. Das Fenster ist auf und mir ist kalt (zumachen).
(du) _____
(Sie) _____

C. Alltag

C1 Orientierung 1

1
Dr. Annette Müller
Praktische Ärztin
Sprechstunde
Mo, Di, Do, Fr 9-17 Uhr
Mi 9-12 Uhr
Telefon: 086 / 72 77 55

2
Anmeldung
zum
Deutschkurs
im 3. Stock
Zimmer 301

3
ALMI
Gute Qualität zu Billigpreisen
Mo - Sa
08:00 - 20:00 Uhr

4
Angel Hair
Modische Frisuren für Sie
Ab € 20,-
Mo – Fr 9–20,
Sa 10–14 Uhr

5
Stadt Mühlberg
Aufenthalt Zi. 212 · Personaldokumente Zi. 215
Öffnungszeiten: Mo, Di, Mi 9 - 17 Uhr,
Do 9 - 20 Uhr, Fr 9 - 12 Uhr
E-Mail: meldeamt@muehlberg.de

6
INFRUT
Mediterrane Spezialitäten
Obst und Gemüse Import
Mo - Fr 9 - 19 Uhr

1a) Wo sehen Sie diese Schilder?

Supermarkt · Arztpraxis · Friseur · Sprachschule · Obst- und Gemüseladen · Meldeamt

1. _____Arztpraxis_____   4. _____
2. _____   5. _____
3. _____   6. _____

1b) Schreiben Sie die Formen von *können* und *müssen* in die Tabelle.

können	müssen
ich _kann_	ich _____
du _____	du _musst_
er, sie, es _____ (kein -t!)	er, sie, es _____ (kein -t!)
wir _____	wir _____
ihr _könnt_	ihr _____
sie, Sie _____	sie, Sie _____

1c) Schreiben Sie Sätze zu den Schildern. Die Verbformen aus b) können Ihnen dabei helfen.

1. ich – um 9 Uhr zur Sprechstunde kommen (müssen)   _Ich muss um 9 Uhr zur Sprechstunde kommen._

2. du – dich hier zum Sprachkurs anmelden (können)   _Du kannst_

3. Martin – in den 3. Stock gehen (müssen)

4. wir – dort billig einkaufen (können)

5. Toni und Ella – mehr als 20 Euro bezahlen (müssen)

6. Barbara – eine E-Mail ans Meldeamt schreiben (können)

7. ihr – dort vor 17 Uhr anrufen (müssen)

8. du – hier Obst und Gemüse kaufen (können)

C2 Orientierung 2

Paul **will** hier abbiegen. (wollen)

Aber Paul **darf** hier nicht abbiegen. (dürfen)

2a) Schreiben Sie die Formen von *wollen* und *dürfen* in die Tabelle. Ein Grammatikbuch kann Ihnen dabei helfen.

wollen • darf • dürfen • willst • wollt • wollen • darf • will • dürfen • darfst • will • dürft

wollen	dürfen
ich ___will___	ich _____
du _____	du _____
er, sie, es _____ (kein -*t*!)	er, sie, es _____ (kein -*t*!)
wir _____	wir _____
ihr _____	ihr _____
sie, Sie _____	sie, Sie _____

2b) Schreiben Sie die Verben in der richtigen Form.

1. Lisa ___will___ hier parken. Sie ___darf___ hier parken. (wollen, dürfen.)

2. Tim _____ hier halten. Aber er _____ hier nicht halten. (wollen, dürfen)

   halten = stoppen

3. Ich _____ hier parken. Aber ich _____ nicht. (wollen, dürfen)

4. Ihr _____ über die Straße gehen?
   Achtung, ihr _____ jetzt nicht, die Ampel ist rot! (wollen, dürfen)

5. Jetzt _____ Susi und Paul über die Straße gehen. (dürfen)

6. ● _____ wir eine Zigarette rauchen?
   ■ Siehst du das Schild da? Wir _____ hier nicht rauchen. (wollen, dürfen)

7. Ich weiß, du _____ gern im Museum fotografieren. Aber das geht nicht. Im Museum _____ du nicht fotografieren. (wollen, dürfen)

8. ● _____ man hier telefonieren?
   ■ Nein, das _____ man nicht. (dürfen, dürfen).

C3 Ein normaler Tag

3a) Was macht Julie? Ordnen und schreiben Sie die Sätze.

(1) Julie steht um halb sieben auf.

( ) Am Nachmittag geht sie spazieren oder sie kauft ein.

( ) Um acht Uhr geht sie in die Sprachschule.

( ) Dann geht sie nach Hause und kocht das Mittagessen.

( ) Sie isst um sieben und sie geht um elf ins Bett.

( ) Der Kurs fängt um halb neun an und er ist um eins zu Ende.

( ) Sie schläft bald und sie träumt auf Deutsch!

( ) In der Schule lernt sie Wörter und Grammatik.

(2) Dann frühstückt sie.

( ) Am Nachmittag macht sie auch die Hausaufgaben für morgen.

1. Julie steht um halb sieben auf.
2. Dann
3.
4.
5.
6.
7.
8.
9.
10.

3b) Schreiben Sie Fragen mit W-.

Wann stehst du auf?
Wann gehst du zur Arbeit?

1. wann – du – aufstehen   *Wann stehst du auf?*
2. wann – du – zur Arbeit – gehen
3. was – du – machen – am Vormittag
4. wann – du – essen – zu Mittag
5. was – du – machen – am Nachmittag
6. wann – du – essen – zu Abend
7. wann – du – gehen – ins Bett

3c) Schreiben Sie Fragen, auf die man mit *Ja* oder *Nein* antworten kann.

Gehst du auch in eine Sprachschule?
Lernst du auch Wörter und Grammatik?

1. gehen – du – auch – in eine Sprachschule   *Gehst du auch in eine Sprachschule?*
2. lernen – du – auch – Wörter und Grammatik
3. kochen – du – auch – das Mittagessen
4. spazieren gehen – du – auch
5. machen – du – auch – Hausaufgaben
6. träumen – du – auch – auf Deutsch

3d) Sortieren Sie die Wörter. Alle Sätze beginnen hier mit *ich*.

1. um – ich – sieben – stehe – auf   Ich stehe um sieben auf.
2. zur Arbeit – gehe – um neun – ich   _____
3. ich – zu Mittag – um eins – esse   _____
4. am Nachmittag – gehe – ich – spazieren   _____
5. sehe – ich – am Abend – fern   _____
6. um elf – ins Bett – gehe – ich   _____

3e) Schreiben Sie Varianten zu den Sätzen von d).

1. A Ich   stehe   um sieben   auf.
   B Um sieben stehe   ich   auf.

2. A Ich   gehe   um neun   zur Arbeit.
   B Um neun   _____   _____   _____

3. A _____   _____   _____   _____
   B _____   _____   _____   _____

4. A _____   _____   _____   _____
   B _____   _____   _____   _____

5. A _____   _____   _____   _____
   B _____   _____   _____   _____

6. A _____   _____   _____   _____
   B _____   _____   _____   _____

C4 Freundinnen schreiben E-Mails

4a) Setzen Sie die E-Mail zusammen.

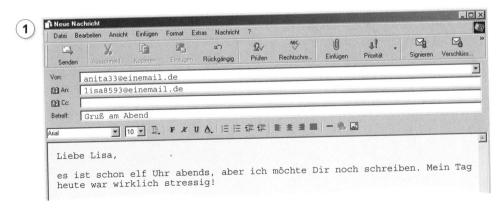

(1)
Von: anita33@einemail.de
An: lisa8593@einemail.de
Cc:
Betreff: Gruß am Abend

Liebe Lisa,

es ist schon elf Uhr abends, aber ich möchte Dir noch schreiben. Mein Tag heute war wirklich stressig!

(2)
Um drei Uhr war ich total müde, aber da hat die Party angefangen! Neun Kinder sind gekommen. Wir haben viele Spiele gemacht, Kuchen gegessen und Kakao getrunken. Es war sehr lustig. Aber jetzt möchte ich eine Woche Urlaub!

(3)
Ich bin wie immer um sechs Uhr aufgestanden und habe Frühstück gemacht. Sandra ist heute acht Jahre alt geworden und wir haben ihr natürlich zum Geburtstag gratuliert. Dann habe ich sie in die Schule und Tim in den Kindergarten gebracht.

(4)
Jetzt habe ich alles aufgeräumt und Dir schnell geschrieben. Wie geht es Dir, Lisa? Du hattest sicher einen ruhigen Tag! Schreib mir bald!

Viele Grüße

Anita

(5)
Das war alles ziemlich normal. Aber dann! Die Kinder sind nach Hause gekommen und haben gefragt: „Hast du schon alles für die Party vorbereitet?" Natürlich nicht, denn ich hatte keine Zeit! Also haben wir zusammen einen Kuchen gebacken und den Kartoffelsalat gemacht. Die Würstchen habe ich schon gestern eingekauft.

(6)
Um acht waren alle weg. Da hat Paul angerufen. Er hat gesagt: „Schade, ihr habt Geburtstag gefeiert und ich war nicht da!" Ich habe gesagt: „Nächstes Jahr kannst du ja alles organisieren!"

(7)
Paul ist heute Vormittag für drei Tage nach Köln gefahren, er trifft dort Kollegen. Ich habe seinen Koffer fertig gepackt.

4b) Lesen Sie die E-Mail von a). Beantworten Sie dann die Fragen: Richtig oder falsch?

	richtig	falsch
1. Tim hat heute Geburtstag.	☐	☒
2. Anita ist um sechs Uhr aufgestanden.	☐	☐
3. Paul ist nach Düsseldorf gefahren.	☐	☐
4. Sie haben Kuchen gebacken.	☐	☐
5. Die Party hat um halb vier angefangen.	☐	☐
6. Die Party war langweilig.	☐	☐
7. Paul hat gesagt, er organisiert nächstes Jahr die Party.	☐	☐
8. Anita hat am Abend aufgeräumt.	☐	☐

4c) Hier sehen Sie die Verben aus der E-Mail, die in der Vergangenheitsform stehen. Wie heißt der Infinitiv?

Was ist passiert?	Verb im Infinitiv
1. Mein Tag war ...	*sein*
2. Ich bin ... aufgestanden	*aufstehen*
3. (ich) habe ... gemacht	*machen*
4. Sandra ist ... geworden	_____
5. wir haben ... gratuliert	_____
6. Dann habe ich ... gebracht	_____
7. Paul ist ... gefahren	_____
8. Ich habe ... gepackt	_____
9. Das war ...	_____
10. Die Kinder sind ... gekommen	_____
11. (sie) haben ... gefragt	_____
12. Hast du ... vorbereitet?	_____
13. ich hatte	_____
14. Also haben wir ... gebacken	_____

15. (wir) haben ... gemacht _____
16. Die Würstchen habe ich ... eingekauft _____
17. da hat die Party angefangen _____
18. Neun Kinder sind gekommen _____
19. Wir haben ... gemacht _____
20. (wir haben) ... gegessen _____
21. (wir haben) ... getrunken _____
22. Da hat Paul angerufen _____
23. Er hat gesagt _____
24. ihr habt ... gefeiert _____
25. Jetzt habe ich ... aufgeräumt _____
26. (ich habe) ... geschrieben _____
27. du hattest _____

 Lerntipp

1. **sein**: ich bin gewesen *oder oft*: ich war
   haben: ich habe gehabt *oder oft*: ich hatte

2. *Verben der Ortsveränderung*: kommen, gehen, fahren, aufstehen, werden ...

   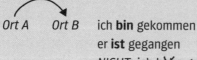

   Ort A   Ort B   ich **bin** gekommen
                   er **ist** gegangen
                   NICHT: ich habe gekommen, er hat gegangen

3. **Ich habe** gearbeitet, **ich habe** telefoniert und **ich habe** aufgeräumt.
   Kürzer: **Ich habe** gearbeitet, telefoniert und aufgeräumt.

4d) Lisas Antwort. – Schreiben Sie *war*, *hatte* und die Verben im Perfekt.

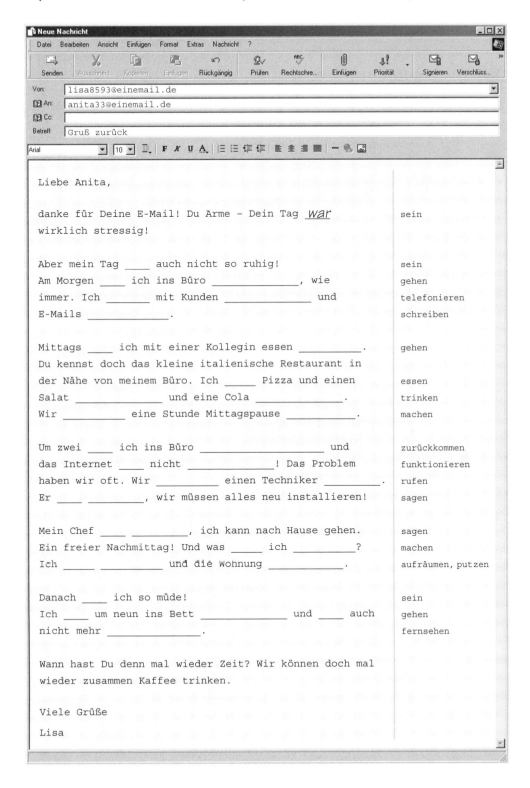

D. Essen und Trinken

D1 Ein Supermarkt-Prospekt

D

1a) Kilo – Liter – Packung ... – Finden Sie die richtigen Wörter.

ein Kilo (1 kg) • hundert Gramm (100 g) • ein Liter (1 l) • eine Packung •
ein Kasten • ein Glas • ein Becher • eine Dose • eine Flasche

1. _____ein Kilo_____ Tomaten, Fleisch, Bananen
2. _____ Wasser, Saft, Öl
3. _____ Milch, Wasser, Saft
4. _____ Käse, Wurst
5. _____ Honig, Marmelade, saure Gurken
6. _____ Nudeln, Reis, Kaffee
7. _____ mit zwölf Flaschen Bier, Wasser, Limonade
8. _____ Joghurt, Margarine, Pudding
9. _____ Thunfisch, Tomaten, Erbsen

1b) Sehen Sie den Prospekt an. Fragen und antworten Sie.

> **! Lerntipp**
> **ein** Kilo / **eine** Packung / **ein** Kasten koste**t** ... *(Singular)*
> **zwei** Kilo / **hundert** Gramm / **zwölf** Flasche**n** koste**n** ... *(Plural)*

1. _Was kostet ein Kilo Bananen?_ – _Ein Kilo Bananen kostet 1,19 Euro._
2. _Was kosten zwei Kilo Kartoffeln?_ – _____
3. _____ _Käse?_ – _____
4. _____ _Nudeln?_ – _____
5. _____ _Honig?_ – _____
6. _____ _Joghurt?_ – _____
7. _____ _Tomaten?_ – _____

D2 Speisekarte im Café

Speisekarte Café Windbeutel

Frühstück (bis 11 Uhr)
Kleines Frühstück:
Tasse Kaffee oder Tee, zwei Brötchen, Butter, Marmelade oder Honig .... € 5,50
Großes Frühstück:
Tasse Kaffee oder Tee, Glas Orangensaft, drei Brötchen, Butter, Wurst, Käse .. € 8.80
Sportler-Frühstück:
Tasse Kaffee oder Tee, 1 Schale Müsli mit Joghurt und frischem Obst .... € 6,90

Kuchen
Schokoladenkuchen, Apfelkuchen, Käsekuchen .... Stück € 1,90
1 Portion Sahne .... € 0,50

Torten
Schokosahne, Erdbeersahne, Schwarzwälder Kirsch .... Stück € 2,50
Spezialität des Hauses: Windbeutel, mit Sahne gefüllt .... Stück € 3,00

Kalte Gerichte
Schinkenbrot .... € 3,20
Käsebrot .... € 3,80
Gemischter Salat .... € 4,50
    mit Schafskäse und Oliven .... € 5,90
    mit gebratenen Putenstreifen .... € 6,90

Kleine warme Gerichte (11:30 bis 14:30 Uhr)
Tomatensuppe .... € 2,80
Klare Nudelsuppe .... € 2,80
Spargelcremesuppe .... € 3,50
2 Spiegeleier mit Brot .... € 4,80
2 Wiener Würstchen mit Brot und Senf .... € 3,80
Spaghetti mit Tomatensoße und kleinem Salat .... € 7,80

Getränke
Tasse Tee (schwarz, grün, Früchte) .... € 1,80
Tasse Kaffee .... € 2,—
Cappuccino .... € 2,20
Espresso .... € 1,80
Heiße Schokolade .... € 2,20
Cola, Limo .... € 2,—
Mineralwasser .... € 1,80
Orangensaft, Apfelsaft .... € 2,50
Bier (Helles) .... € 2,80

2a) Richtig oder falsch? Kreuzen Sie an.

	richtig	falsch
Frühstück:		
1. Man kann bis 13 Uhr frühstücken.	☐	☒
2. Das Frühstück ist nur vegetarisch.	☐	☐
3. Es gibt eine Tasse Kaffee oder Tee inklusive.	☐	☐
Kuchen und Torten:		
4. Es gibt Apfelkuchen, Erdbeerkuchen, Käsekuchen.	☐	☐
5. Ein Stück Kuchen mit Sahne kostet 2 Euro 40.	☐	☐
6. Die Spezialität des Hauses ist Apfelstrudel.	☐	☐
Kalte und warme Gerichte:		
7. Es gibt Nudeln mit Tomatensoße.	☐	☐
8. Die kleinen Gerichte kosten alle unter 10 Euro.	☐	☐
9. Es gibt einen Salat mit Mozzarellakäse und Oliven.	☐	☐
10. Man kann um 15 Uhr warm essen.	☐	☐
Getränke:		
11. Es gibt vier Sorten Tee.	☐	☐
12. Der Kaffee kostet mehr als der Tee.	☐	☐
13. Es gibt kalte Schokolade.	☐	☐

2b) Was essen und trinken die Leute im Café Windbeutel? Schreiben Sie.

> **! essen + trinken + *Akkusativ-Objekt***
> Ich esse ein**en** Kuchen. *(maskulin -en)*   Ich trinke ein Wasser. *(neutral)*
> Ich esse eine Suppe. *(feminin)*   Ich esse Spaghetti. *(Plural)*

1. Frau und kleines Mädchen:
   Die Frau: Apfelsaft (m), Schinkenbrot (n).
   Das Mädchen: Limonade (f), Apfelkuchen (m)

   Die Frau trinkt einen Apfelsaft und isst ein Schinkenbrot.

   Das Mädchen trinkt eine Limonade und isst einen Apfelkuchen.

2. Zwei Freundinnen:
   Die erste Frau: Cappuccino (m), Windbeutel (m)
   Die andere Frau: Tee (m)

   Die erste Frau trinkt _____

   Die andere Frau _____

3. Ein Paar:
   Die Frau: Mineralwasser (n), Salat (m)
   Der Mann: Bier (n), zwei Wiener Würstchen (Pl)

   _____
   _____

4. Eine Familie:
   Die Mutter: Kaffee (m) und Schokoladenkuchen (m)
   Der Vater: Mineralwasser (n) und Spaghetti (Pl)
   Der Sohn: Cola (f) und Erdbeertorte (f)
   Die Tochter: Orangensaft (m) und Käsebrot (n)

   _____
   _____
   _____
   _____

D

D3 Was essen die Leute?

3a) Quiz: Bitte kreuzen Sie an: Was ist ein typisches Essen ...

1. ... in Deutschland?
   - ☐ Zitronen, Orangen, Bananen
   - ☐ Brot, Knödel, Schweinebraten
   - ☐ Suppe, Tomatensalat, harte Eier

   > Knödel = runde „Bälle" aus Brot und Ei oder Kartoffeln und Ei

2. ... in Österreich?
   - ☐ Fisch, Käse, Tee
   - ☐ Reis, Nudeln, Pizza
   - ☐ Gulasch, Schnitzel, Mehlspeisen

   > Schnitzel = dünnes Stück Fleisch, in der Pfanne gebraten oder frittiert
   > Gulasch = Fleischstücke in pikanter Soße
   > Mehlspeise = Essen mit Mehl, wie Kuchen, Knödel etc.

3. ... in der Schweiz?
   - ☐ Käsefondue, Rösti, Schokolade
   - ☐ Wurst, Pommes frites, Eiscreme
   - ☐ Käsebrötchen, Huhn mit Soße, Obstsalat

   > Käsefondue = man kocht Käse in einem Topf und isst das mit kleinen Stücken Brot
   > Rösti = dünner „Kuchen" aus Kartoffeln, in Öl braun gebraten

3b) Was frühstücken die Leute? Lesen Sie den Text.

Susanne isst zum Frühstück immer ein Müsli und trinkt einen Kaffee.

Paul isst zwei frische Brötchen mit Marmelade. Er trinkt einen Tee, manchmal einen Kaffee.

Maja isst meistens einen Joghurt mit Obst. Sie trinkt oft einen Orangensaft oder auch einen Apfelsaft.

Tom isst selten etwas zum Frühstück. Er trinkt nur eine Tasse Kaffee.

Anne frühstückt nie. Sie hat morgens keinen Hunger.

Pia mag morgens Brot, Wurst und Käse. Sie isst auch oft ein Croissant.

3c) Markieren Sie im Text, wie oft die Leute etwas essen. Schreiben Sie es dann hier auf:

1. ____immer____ ein Müsli essen
2. _____ einen Kaffee trinken
3. _____ einen Joghurt essen
4. _____ einen Orangensaft trinken
5. _____ etwas zum Frühstück essen
6. _____ frühstücken
7. _____ ein Croissant essen

3d) Wie oft? Ordnen Sie die Wörter den Zahlen zu.

immer • selten • nie • oft • manchmal • meistens

100%   80%   60%   30%   10%   0%

immer   _____   _____   _____   _____   _____

3e) Ergänzen Sie das richtige Häufigkeits-Wort.

1. Morgens trinke ich ____immer____ einen Kaffee. (100%).
2. Mittags esse ich _____ Spaghetti. (60%)
3. Abends trinkt sie _____ einen Tee (30%).
4. Er isst _____ Fleisch. Er ist Vegetarier. (0%)
5. Wir essen _____ Fisch. (10%).
6. Isst du _____ Roulade? (30%)
7. Sie essen _____ Brot (80%).
8. Ihr esst _____ Reis. (60%)

E. Wohnen

E1 Wo wohnst du?

1a) Lesen Sie den Text und kreuzen Sie dann die Antworten an.

Wo wohnst du, Susanne?
Ich wohne in einem Mietshaus in München, in der Mozartstraße, im vierten Stock.
Die Wohnung hat vier Zimmer: ein Schlafzimmer, ein Kinderzimmer, eine Wohnküche und ein Arbeitszimmer. Ich wohne da mit meinem Mann und mit meiner Tochter.
Die Mozartstraße ist grün und ziemlich ruhig. Es gibt in der Nähe einen Supermarkt, einen Park, viele Geschäfte und ein Kino. Wir wohnen schon zehn Jahre in dem Haus und wir finden es sehr schön! Die Nachbarn sind auch nett.

	richtig	falsch
1. Susanne wohnt in einem Reihenhaus im vierten Stock.	☐	☒
2. Die Wohnung hat vier Zimmer.	☐	☐
3. Susanne wohnt da mit ihrem Mann und ihrem Sohn.	☐	☐
4. Die Mozartstraße ist grün und ziemlich laut.	☐	☐
5. Sie wohnen schon acht Jahre in dem Haus.	☐	☐
6. Sie wohnen gerne da.	☐	☐

1b) Wo wohnen die Leute? Schreiben Sie die Sätze fertig.

1. das Mietshaus: Ich _wohne in einem Mietshaus._
2. das Hochhaus: Ich _____
3. das Reihenhaus: Du wohnst _____
4. das Studentenheim   Er wohnt _____
5. die Villa: Sie _____
6. der Wohnblock   Wir wohnen _____
7. die Großstadt   Ihr wohnt _____
8. das Dorf   Sie wohnen _____

! **Bei der Frage „wo?" steht in + Dativ:**

der Wohnblock → in **dem/einem** Wohnblock
das Mietshaus → in **dem/einem** Mietshaus
die Villa → in **der/einer** Villa

Wo? + in + Dativ
maskulin **-m**
feminin **-r**
neutral **-m**

1c) *Es gibt in der Nähe ...* + Akkusativ – Lesen Sie das Beispiel und schreiben Sie Sätze. Tipp: Das Verb steht auf Position 2.

in der Nähe • der Supermarkt   Es **gibt** in der Nähe einen Supermarkt.
oder: In der Nähe **gibt** es einen Supermarkt.

1. hier • das Kino   *Es gibt hier ein*
    Hier gibt es

2. da • viele Geschäfte

3. hier • der Park

4. dort • das Internetcafé

5. da • das Fahrradgeschäft

6. hier • die Apotheke

7. da • die Bank

1d) Schreiben Sie Fragen: *Gibt es hier ein/eine/einen ...?* Benutzen Sie die Wörter aus der Übung c).

1. *Gibt es hier ein Kino?*   5. ___
2. *Gibt es da*   6. ___
3. ___   7. ___
4. ___

E

E2 Eine Wohnung suchen

Kaltmiete im Monat	€ 500,-
+ Heizkosten und andere **Nebenkosten** (Wasser, Strom, Müll …)	€ 180,-
= **Warmmiete**	**€ 680,-**

+ **Kaution**: Geld, das man nur einmal am Anfang als Sicherheit bezahlt. Wenn man wieder auszieht (= wenn man wieder aus der Wohnung geht) bekommt man das Geld zurück.
Normalerweise ist die Kaution drei Monatsmieten (Kaltmieten): 3 x € 500,- = **€ 1500,-**.

2a) Wohnungsanzeigen im Internet – Sehen Sie die Anzeigen an und notieren Sie in der Tabelle:

– Was kostet die Warmmiete?
– Wie groß ist die Wohnung in m²?
– Wie viele Zimmer hat die Wohnung?
– Wo ist die Wohnung?
– Ab wann kann man die Wohnung bekommen?

Nr.	Anzeige	Daten	Notizen
1	**4-Zimmer-Citywohnung** in Düsseldorf-Oberkassel	Kaltmiete: 650 € Nebenkosten: 180 € Wohnfläche: ca. 75 m² Zimmer: 4 Bezug: ab sofort Kaution: 1950 €	Warmmiete: _830 Euro_ Größe: _75 m²_ Zimmer: _vier_ Wo: _Düsseldorf-Oberkassel_ Ab wann: _ab sofort_
2	**Wohnen am Volksgarten!**	Kaltmiete: 439,00 € Nebenkosten: 130,00 € Wohnfläche: ca. 65,00 m² Zimmer: 2 Bezug: 30.11. Kaution: 3,0 Monatsmieten Haustiere erlaubt	Warmmiete: _____ Größe: _____ Zimmer: _____ Wo: _____ Ab wann: _____
3	**Wunderschönes Apartment mit Terrasse und Garten in Grafenberg!**	Kaltmiete: 350,00 € Nebenkosten: 135,00 € Wohnfläche: ca. 45,00 m² Zimmer: 1 Bezug: 01.11. Kaution: 1050 €	Warmmiete: _____ Größe: _____ Zimmer: _____ Wo: _____ Ab wann: _____

④ Ruhige 4-Zimmer-Wohnung in Lohausen, Nähe Flughafen	Kaltmiete: 550,00 € Nebenkosten: 120,00 € Wohnfläche: ca. 85,00 m² Zimmer: 4 Bezug: sofort Kaution: 1000 €	Warmmiete: _____ Größe: _____ Zimmer: _____ Wo: _____ Ab wann: _____
⑤ Schöner Wohnen in Urdenbach! Sonnenbalkon, Wannenbad, Wohnküche	Kaltmiete: 660 € Nebenkosten: 125,00 € Wohnfläche: ca. 70 m² Zimmer: 2 Bezug: verfügbar ab 1.11. oder 1.12.	Warmmiete: _____ Größe: _____ Zimmer: _____ Wo: _____ Ab wann: _____

2b) Sehen Sie noch einmal die Anzeigen an. Welche Wohnungen passen für die folgenden Personen?

a) <u>Leo Wirth</u> sucht ein bis zwei Zimmer in Düsseldorf. Er kann maximal 500 Euro warm bezahlen.

b) <u>Familie Sauer</u> sucht eine Vierzimmerwohnung. Herr Sauer arbeitet am Flughafen. Sie können maximal 700 Euro monatlich bezahlen.

c) <u>Herr und Frau Marbach</u> suchen eine Zweizimmerwohnung. Sie möchten im Grünen wohnen. Sie möchten im Dezember einziehen.   einziehen = in die neue Wohnung gehen

d) <u>Familie Roth</u> sucht eine Drei- bis Vierzimmerwohnung. Die Wohnung soll zentral liegen. Sie können im Monat circa 800 Euro bezahlen.

e) <u>Frau Messner</u> sucht eine Wohnung mit ein bis zwei Zimmern. Sie möchte einen Balkon und eine Badewanne. Sie muss im November einziehen.

Wohnung in ...	für ...
1. Oberkassel	d) Familie Roth
2. Volksgarten	_____
3. Grafenberg	_____
4. Lohausen	_____
5. Urdenbach	_____

E3 Einladungen und Briefe

3a) Inge und Klaus haben eine neue Wohnung. Sie schreiben eine Einladung an ihre Freunde. – Sortieren Sie die Text-Teile.

(1)

Wir möchten euch für Samstagabend, den 12. Dezember zur Einweihungsparty einladen.
Die Party fängt um 20:00 Uhr an. Wir machen ein Büffet!

(2)

Düsseldorf, 5. Dezember 2009

Liebe Tina, lieber Carlo,

endlich haben wir eine neue Wohnung! Wir haben so lange gesucht. Jetzt wohnen wir direkt am Volksgarten!

(3)

Liebe Grüße und bis bald

Inge und Klaus

(4)

Habt ihr Zeit? Hoffentlich! Bitte ruft uns an oder schreibt uns eine E-Mail.

3b) Inge und Klaus schreiben auch einen Brief an ihren Vermieter. – Sortieren Sie die Text-Teile.

1
seit 01.12. wohnen wir in Ihrer Wohnung, Brinckmannstr. 12, 3. Stock
Die Wohnung gefällt uns sehr gut.

2
1. Die Heizung funktioniert nicht richtig! Wir haben maximal 17 Grad in der Wohnung.
2. Aus der Spüle in der Küche läuft Wasser aus!

3
Leider gibt es ein paar technische Probleme. Das haben wir bei unserer Besichtigung am 22.11. nicht gesehen.

4
Düsseldorf, 05.12.2009

Sehr geehrter Herr Meinecken,

5
Wir können Sie telefonisch nicht erreichen.
Können Sie uns bitte helfen?

Vor allem die Heizung ist wichtig. Es wird jetzt ziemlich kalt

6
Mit freundlichen Grüßen

Inge und Klaus Marbach

7
Bitte rufen Sie uns schnell an oder kommen Sie vorbei!
Unsere Telefonnummer haben Sie.

3c) Richtig oder falsch? Lesen Sie die beiden Briefe noch einmal und antworten Sie dann.

	richtig	falsch
1. Inge und Klaus laden Tina und Carlo zu einer Party ein.	☒	☐
2. Es ist die Geburtstagsparty von Inge.	☐	☐
3. Alle müssen etwas zu essen mitbringen.	☐	☐
4. Die Party fängt um acht Uhr an.	☐	☐
5. Herr Meinecken ist der Vermieter von Inge und Klaus Marbach.	☐	☐
6. Inge und Klaus wohnen seit Dezember in der Wohnung.	☐	☐
7. Die Wohnung gefällt ihnen nicht.	☐	☐
8. Die Heizung funktioniert nicht: Die Wohnung ist zu warm.	☐	☐

! Beachten Sie die Unterschiede zwischen informellen und formellen Briefen und E-Mails:

	informell	formell
Anfang	Lieber Paul, ...	Sehr geehrter Herr Marbach, ...
	Liebe Lisa, ...	Sehr geehrte Frau Marbach, ...
Schluss	Viele Grüße	Mit freundlichen Grüßen
Du oder Sie?	Du	Sie

3d) Schreiben Sie die Personalpronomen in die drei Einladungen auf den nächsten Seiten. Achten Sie auf die richtige Form: Nominativ, Akkusativ oder Dativ.

Nominativ	Akkusativ	Dativ
ich	Er mag **mich**.	Sie feiern mit **mir**.
du	Wir rufen **dich** an.	Ich danke **dir**.
er, sie, es	Ich liebe **ihn** (m) / **sie** (f) / **es** (n).	Ich schreibe **ihm** (m) / **ihr** (f) / **ihm** (n) Briefe.
wir	Sie laden **uns** ein.	Er antwortet **uns** nicht.
ihr	Er ruft **euch** an.	Wir gratulieren **euch**.
sie, Sie	Ich kenne **sie** nicht. (Pl)	Wie geht es **ihnen**? (Pl)
	Ich kenne **Sie** nicht. (formell Sg + Pl)	Wie geht es **Ihnen**? (formell Sg + Pl)

E

1

Liebe Sonja, lieber Marc,

wie geht es __euch__?

Ich lade _____ herzlich zu meiner Geburtstagsparty am Freitag, den 7. Februar ein. Beginn ist 20 Uhr.

Habt _____ Zeit?
Bitte antwortet _____ bis zum 1. Februar oder ruft _____ an.

Viele Grüße
Katja

Einladung

2

Liebe Tine,

wir möchten __dich__ herzlich zu unserem jährlichen Sommerfest einladen!

Es findet dieses Jahr am 20. Juli statt. Um 18 Uhr fangen _____ an!
Kannst _____ auch etwas fürs Büffet mitbringen?

Hoffentlich kannst _____ kommen!
Schreib _____ doch eine E-Mail
oder ruf _____ an!

Liebe Grüße

Marta und Piet

E

Neue Nachricht

Von: Lisa Friedmann
An: Verteiler Redaktion
Cc:
Betreff: Einladung

Liebe Kolleginnen und Kollegen,

Sie können __mir__ gratulieren – am 30. Mai werde _____ 50 Jahre alt! Das möchte ich mit _____ feiern.
Und zwar in der Mittagspause. Es gibt Prosecco und kleine Häppchen.

Haben _____ Zeit? Bitte rufen Sie _____ doch kurz zurück oder schreiben Sie _____ eine Mail.

Bis dann

Lisa Friedmann

3e) Ergänzen Sie die Sätze.

1. ● Hat dein Freund __dir__ diese E-Mail geschrieben?
   ■ Ja, aber ich kann __ihm__ erst morgen antworten.

2. Ich mag Lisa und Paul. Ich möchte _____ mal zum Essen einladen.

3. Sandra hat heute Geburtstag. Hast du _____ schon gratuliert?

4. ● Hat dein Mann auch Zeit?
   ■ Ich weiß nicht, aber ich frage _____ mal.

5. Ich habe meine Eltern lange nicht gesehen. Ich muss _____ mal schreiben.

6. Sie hat _____ gefragt, aber er hat _____ noch nicht geantwortet.

E. Wohnen

F. Freizeit und Hobby

F1 Was machst du gern?

1a) Sortieren Sie folgende Hobbys. Zu welchem Bereich passen sie?

Fußball spielen • Karten spielen • ins Kino gehen • Musik hören •
ins Café gehen • in den Park gehen • ins Konzert gehen • ein Buch lesen •
im Garten arbeiten • joggen • grillen • ins Museum gehen • Fahrrad fahren •
Tennis spielen • schwimmen • Gitarre spielen • einen Film sehen •
eine Party machen • spazieren gehen • tanzen

Ich	lese	gern.	
	Verb	**+ gern**	
Ich	spiele	gern	Fußball.
	Verb	**+ gern**	**+ Objekt**
Ich	mag	Fußball.	
	mögen	**+ Objekt**	

- Was machst du in der Freizeit?
- Ich jogge gern, ich lese gern und ich mag Filme. Und du?
- Also, ich fahre gern Fahrrad, ich spiele gern Gitarre und ich mag Musik.

1b) Was mögen die Leute? Was machen sie gern in der Freizeit? Schreiben Sie.

1. Sara: ins Café gehen, Fußball, tanzen

   Sara geht gern ins Café, sie mag Fußball und sie tanzt gern.

2. Tom: Volleyball spielen, Autos, fotografieren

   Tom spielt gern

3. Lena: grillen, im Garten arbeiten, reisen

4. Barbara: schwimmen, Musik, kochen

5. Marc: Fußball spielen, in den Park gehen

6. Annette: Partys, spazieren gehen, Karten spielen

F. Freizeit und Hobby

1c) Was machst du am liebsten? – Lesen Sie das Beispiel und schreiben Sie dann.

Tom und Lena – lesen, Filme sehen, Musik hören

Tom und Lena lesen **gern**, sie sehen **noch lieber** Filme, aber **am liebsten** hören sie Musik.

1. ich – schwimmen, tanzen, reisen

   Ich schwimme gern, ich tanze noch lieber, aber am liebsten reise ich.

2. du – joggen, Fußball spielen, Volleyball spielen

   Du joggst

3. wir – Karten spielen, am Computer spielen, einen Film sehen

4. Barbara – Musik hören, tanzen, ins Restaurant gehen

5. Sara und Annette – ins Café gehen, spazieren gehen, auf Partys gehen

F. Freizeit und Hobby

F2 Das Fernsehprogramm

	Das Erste	ZDF	RTL
17:00	**17:03** **W wie Wissen** Heute: Ägypten und die Pharaonen	**17:10** **ZDF-Sport-** **reportage**	**17:10** **Große Haie –** **Kleine Fische** Trickfilmspaß, USA 2004
18:00	**18:00** **Sportschau** **18:30** **Bericht aus Berlin** Polit-Magazin **18:50** **Lindenstraße** Serie **19:20** **Weltspiegel** Korrespondenten berichten aus Chile, Italien, China und USA	**18:00** **ML Mona Lisa** Frauenmagazin **18:25** **ZDF.reportage** Reportagen. Heute: Schüleraus- tausch in Amerika **19:00** **heute** Nachrichten **19:10** **Berlin direkt** Polit-Magazin	**19:03** **RTL Aktuell** **WEEKEND** **19:05** **Schwiegertochter** **gesucht** Reality-Show: Moderatorin Vera Int-Veen sucht für alleinstehende Muttersöhnchen die Frau fürs Leben.
20:00	**20:00** **Tagesschau** Nachrichten **20:15** **Tatort: Vermisst** Krimi, D 2009	**20:15** **Inga Lindström:** **Mia und ihre** **Schwestern** Romanze, D 2009	**20:15** **Lara Croft:** **Tomb Raider –** **Die Wiege** **des Lebens** mit Angelina Jolie und Til Schweiger Action-Abenteuer, USA/D/J/GB/NL 2003

2a) Sendungen im Fernsehen – Was ist das? Ordnen Sie zu.

die Sendung = ein Programm im TV

1. die Nachrichten (Pl)
2. die Reportage
3. der Trickfilm
4. die Reality-Show
5. das Polit-Magazin
6. die Sportsendung
7. der Krimi
8. die Doku(mentation)
9. die Kindersendung
10. der Spielfilm

a) ein Film über ein Land, eine Stadt, die Natur …
b) eine kritische Dokumentation
c) Cartoon
d) Programm für Kinder
e) man filmt Leute im realen Leben
f) langer Film, wie Kinofilm (Komödie, Actionfilm, Liebesfilm)
g) Kriminalfilm mit Detektiv, Mord etc.
h) politische Information und Diskussion
i) aktuelle Informationen aus aller Welt
j) Informationen über Fußball, Tennis, Handball …

1.	2.	3.	4.	5.	6.	7.	8.	9.	10.
i)									

2b) Finden Sie im Fernsehprogramm folgende Sendungen:

Nachrichten	Doku und Reportage	Sport-sendung	Reality-Show	Spielfilm	Krimi
Tagesschau	W wie Wissen				

2c) Was kommt heute Abend im Fernsehen? Lesen Sie das Beispiel und schreiben Sie dann Dialoge.

20:15 Actionfilm (m)
- Was kommt heute Abend im Fernsehen?
- Um 20 Uhr 15 kommt **ein** Actionfilm!
- Möchtest du **den** Film sehen?
- Ja, gern!

> Was kommt ...? + *Nominativ*
> (ein, eine, ein)
> sehen + *Akkusativ* (den, die, das, die)

1. 18:00 Sportsendung (f)
- _Was kommt_ _____
- _Um 18 Uhr kommt_ _____
- _Möchtest du_ _____
- _Ja, gern!_

2. 19:10 Polit-Magazin (n)
- _____
- _____
- _____
- _____

3. 17:10 Trickfilm (m)
- _____
- _____
- _____
- _____

4. 20:00 die Nachrichten (Pl)
- _____
- _____
- _____
- _____

F3 **Wohin gehen wir heute?**

3a) Lesen Sie das Beispiel.

Lisa und Paul haben heute frei.

Paul: Was machen wir heute?

Lisa: Die Sonne scheint.

Wir können in den Park gehen.

Paul: Gut, gehen wir in den Park zum Spazierengehen.

---

1. Wohin? → *Akkusativ*

der Park	Wir gehen in **den** Park.
die Stadt	Wir fahren in **die** Stadt.
das Kino	Wir gehen **ins** Kino. (= in + das)
die Berge	Wir fahren **in die** Berge.

Die Regel gilt nicht nur für die Präposition in, sondern auch für auf und an:

der Platz	Ich gehe auf **den** Fußballplatz.
das Meer	Wir fahren **ans** Meer. (= an + das)

2. zum + *Verb*

einkaufen	Wir gehen **zum E**inkaufen.
schwimmen	Wir gehen **zum S**chwimmen.
Fußball spielen	Wir gehen **zum F**ußballspielen.

3. Zukunft (morgen, nächste Woche …): *Das Verb steht im Präsens:*

Was **machen** wir morgen? – Wir **gehen** zum Einkaufen.

Was **machst** du nächste Woche? – Ich **gehe** zum Skifahren.

3b) Schreiben Sie Dialoge.

1. heute – es ist warm – Schwimmbad, gehen – schwimmen
   - Was machen wir _heute_ ?
   - _Es ist warm_ . Wir können _ins Schwimmbad_ gehen.
   - Gut, gehen wir _ins Schwimmbad zum Schwimmen_ .

2. heute – es schneit – Berge (Pl), fahren – Ski fahren
   - Was machen wir _____ ?
   - _____ . Wir können _____.
   - Gut, fahren wir _____ Skifahren.

3. heute – es regnet – Kaufhaus (n), gehen – einkaufen
   - _____ ?
   - _____.
   - _____.

4. heute – ich brauche Bewegung – Park (m), gehen – joggen
   - _____ ?
   - _____.
   - _____.

5. heute Mittag – das Wetter ist gut – Garten (m), gehen – grillen
   - _____ ?
   - _____.
   - _____.

6. heute Abend – ein guter Film kommt – **zu Hause** bleiben – fernsehen
   - _____ ?
   - _____.
   - _____.

3c) Wohin gehen die Leute? Schreiben Sie.

1. ich – Stadt (f) — _Ich gehe in die Stadt._
2. du – Büro (n) — _Du gehst ins_
3. Marc – Supermarkt (m)
4. Lena – Elektrogeschäft (n)
5. Stefan – Bäckerei (f)
6. Sandra – Fitness-Studio (n)
7. ihr – Arbeit (f)
8. Babs und Timo – Deutschkurs (m)

3d) *in*, *an* oder *auf*? Schreiben Sie.

Wir sind vier Tage in München. Wohin gehen wir? Das ist unser Programm:

10.	11.	12.	13.
Donnerstag	**Freitag**	**Samstag**	**Sonntag**
Pinakothek (f)	Frauenkirche (f)	Olympiaturm (m)	Deutsches Museum (n)
Englischer Garten (m)	Viktualienmarkt (m)	Olympiastadion (n)	Allianz-Arena (f)
Stadtmuseum (n)	Isar (f)	Starnberger See (m)	Hofbräuhaus (n)

die Pinakothek = ein Museum in München   die Isar = ein Fluss in München

1. Am Donnerstag gehen wir

   in die Pinakothek, in den Englischen Garten und ins Stadtmuseum .

2. Am Freitag gehen wir

3. Am Samstag fahren wir

4. Am Sonntag gehen wir

F4 Wie war das Wochenende?

4a) Wo waren die Leute? Wie war es? Schreiben Sie.

> **Wo? → Dativ**
> der Park — Wir sind **im** Park.
> die Stadt — Warst du **in der** Stadt?
> die Berge — Ich war **in den** Bergen.

1. Sara – Schwimmbad (n) – schön
- ● _Wo warst du am Wochenende, Sara?_ ■ _Ich war im Schwimmbad._
- ● _Und wie war es?_ ■ _Es war schön!_

2. Timo – Kneipe (f) – voll und laut

3. Katja – Berge (Pl) – gut

4. Ben – See (m) – toll

5. Herr Müller – Park (m) – schön

6. Lea und Roman – Party (f) – lustig

7. Marc – zu Hause – langweilig

4b) Zwei ungleiche Freunde – Lesen Sie die E-Mail.

4c) Markieren Sie die Perfekt-Verben in der E-Mail und machen Sie eine Liste.

Infinitiv	Perfekt	Infinitiv	Perfekt
gehen	ist gegangen	sehen	
schmecken		aufwachen	
kommen		fahren	
anrufen		frühstücken	
antworten		machen	
lernen		ansehen	

4d) Und was hat Tom gemacht? – Ergänzen Sie die Verben im Perfekt und *war, hatte*.

einkaufen • erzählen • essen • haben • kommen • lesen • machen • machen • schlafen • sein • telefonieren • treffen • sein • fernsehen • gehen • kochen • lesen

---

Lieber Ben,

ich _habe_ deine E-Mail _gelesen_ und ich muss sagen: Du bist sehr aktiv!

Ich _____ am Wochenende gar nichts _____. Langweilig! Aber ich _____ viel Zeit, das _____ auch schön.

Am Freitagabend _____ ich total müde. Ich _____ ein bisschen _____ (einen Krimi) und _____ schon um zehn ins Bett _____.

Am Samstag _____ ich lange _____, bis elf Uhr! Ich _____ schnell _____. Dann _____ ich _____. Ich koche am Wochenende gern, denn ich muss von Montag bis Freitag in der Kantine essen.

Ich _____ aber nicht allein _____: Timo ____ _____. Er _____ von eurem Abend in der Disco _____. Ich bin immer gut informiert, wie du siehst!

Heute _____ ich mal wieder die Wohnung sauber _____. Dann _____ ich ein Buch _____. Am Abend _____ ich lange mit Sylvia _____. Du weißt, ich ____ sie letztes Jahr im Urlaub _____. Vielleicht besucht sie mich mal.

Nächstes Wochenende mache ich etwas mit dir, Ben. Dein Wochenende ist nicht so langweilig!

Ich wünsche dir eine schöne Woche!

Tom

G. Unterwegs

G1 Reisen

1a) Urlaubsreise, Geschäftsreise oder Familientreffen? Lesen Sie und kreuzen Sie an.

1. Herr Obermeier fährt mit dem Zug nach Frankfurt. Er hat dort ein Treffen mit Kollegen.

   Das ist ☐ eine Urlaubsreise.

   ☐ eine Geschäftsreise.

   ☐ ein Familientreffen.

   > Geschäftsreise = Reise für die Arbeit

2. Frau Hummel feiert Geburtstag. Sie wird 70 Jahre alt. Ihre Kinder kommen alle nach Köln.

   Das ist ☐ eine Urlaubsreise.

   ☐ eine Geschäftsreise.

   ☐ ein Familientreffen.

3. Eva und Sven fliegen nach Spanien. Sie wohnen im Hotel und gehen jeden Tag schwimmen.

   Das ist ☐ eine Urlaubsreise.

   ☐ eine Geschäftsreise.

   ☐ ein Familientreffen.

G

1b) Eine Reise und die Vorbereitungen – Was machen die Leute?
Ordnen Sie die Aktivitäten und schreiben Sie ganze Sätze.

Herr Obermeier:

mit den Kollegen über die Arbeit sprechen • eine Zugfahrkarte kaufen •
Dokumente und Papiere mitnehmen • einen Platz im Zug reservieren •
wieder nach Hause fahren • im Zug das Protokoll vom letzten Treffen lesen •
seine Kollegen treffen

1. Herr Obermeier kauft eine Zugfahrkarte.
2. Er reserviert
3. Er
4.
5.
6.
7.

Frau Hummels Kinder:

einen Kuchen backen • Kaffee trinken und Kuchen essen •
mit dem Auto nach Köln fahren • „Alles Gute zum Geburtstag!" sagen •
ein Geschenk kaufen • wieder nach Hause fahren • viele Familienfotos machen

1. Frau Hummels Kinder kaufen ein Geschenk.
2. Sie backen
3. Sie
4.
5.
6.
7.

Eva und Sven:

Reiseprospekte lesen • in der Sonne liegen und im Meer schwimmen • an den Strand gehen • nach Spanien fliegen • wieder nach Hause fliegen • das Hotel und den Flug buchen • den Koffer packen

1. _Eva und Sven lesen Reiseprospekte._
2. _Sie_
3.
4.
5.
6.
7.

1c) Wohin fährst du? – Schreiben Sie Dialoge.

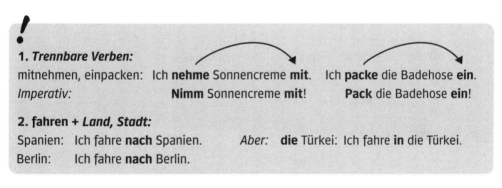

1. Trennbare Verben:
mitnehmen, einpacken: Ich **nehme** Sonnencreme **mit**. Ich **packe** die Badehose **ein**.
Imperativ: **Nimm** Sonnencreme **mit**! **Pack** die Badehose **ein**!

2. fahren + *Land, Stadt*:
Spanien: Ich fahre **nach** Spanien. *Aber:* **die** Türkei: Ich fahre **in die** Türkei.
Berlin: Ich fahre **nach** Berlin.

1. Wohin ...? – Berlin – mitnehmen – einen Stadtplan
   - _Wohin fährst du?_
   - _Ich fahre nach Berlin._
   - _Nimm einen Stadtplan mit!_

2. Wohin ...? – Süditalien – einpacken – einen Sonnenhut
   - _Wohin_
   - _Ich fahre_
   - _Pack_

3. Wohin …? – London – mitnehmen – einen Regenschirm

   • _____
   ■ _____
   • _____

4. Wohin …? – die Türkei – einpacken – Badesachen (Pl)

   • _____
   ■ _____
   • _____

5. Wohin …? – die Schweiz – mitnehmen – Schweizer Franken (Pl)

   • _____
   ■ _____
   • _____

6. Wohin …? – Paris – einpacken – den Fotoapparat

   • _____
   ■ _____
   • _____

7. Wohin …? – Schottland – mitnehmen – eine warme Jacke

   • _____
   ■ _____
   • _____

8. Wohin …? – Deutschland – einpacken – ein Wörterbuch

   • _____
   ■ _____
   • _____

G2 Wie fährst du? – Mit dem Bus.

Schreiben Sie Sätze mit dem Schreibbaukasten.

Wer?	Verb	Womit?	Wohin?
1. Lisa	fahre	mit de**m** Bus (m)	ins Büro.
2. Paul	fährst	mit de**m** Zug (m)	zur Arbeit.
3. Ich	fährt	mit de**m** Fahrrad (m)	zum Einkaufen.
4. Du	fahren		zum Deutschkurs.
5. Wir		mit de**m** Auto (n)	zum Arzt.
6. Sara		mit de**r** U-Bahn (f)	nach Berlin.
7. Tom	gehe		nach Österreich.
8. Frau Roth	gehst	zu Fuß	nach Hause.*
9. Herr Mahr	geht		
10. Mein Sohn	gehen		*invariabel

1. _Lisa fährt mit dem Fahrrad zur Arbeit._
2. _Paul_ _____
3. _____
4. _____
5. _____
6. _____
7. _____
8. _____
9. _____
10. _____

G3 Ein Urlaub – zweimal erzählt

3a) Lesen Sie die Postkarte und die E-Mail.

Liebe Sara,

wir sind in Spanien, am Meer! Es ist sehr schön hier. Die Sonne scheint jeden Tag und es hat 32 Grad! Auch das Hotel ist wunderbar. Man isst hier nicht schlecht. Wir haben schon nette Leute getroffen.

Viele liebe Grüße
Eva und Sven

Frau Sara Meier
Lilienstraße 5
60528 Frankfurt
Deutschland

Neue Nachricht

Von: evalina@postmail.de
An: lisa8593@einemail.de
Cc:
Betreff: Zurück aus Spanien!

Liebe Lisa,

endlich sind wir zurück aus Spanien. Es war schrecklich! Wir hatten wirklich kein Glück!

Es war sehr heiß. Am Morgen hatte es schon 25 Grad. Mittags sind wir immer im Hotel geblieben.

Das Hotel hatte 250 Zimmer! Es war sehr voll und laut. Nachts haben wir nicht gut geschlafen.

Auch das Essen war nicht gut. Alles hat komisch geschmeckt.

Immer sind Leute an unseren Tisch im Restaurant gekommen und haben mit uns gesprochen. Wir hatten keine Ruhe und keine Zeit für uns. Wir waren total gestresst!

Warum dieses Hotel, fragst Du?? Weißt Du, wir haben es in einem Reiseprospekt gefunden. Das Hotel und den Flug haben wir zusammen gebucht. Das war sehr billig – wir hatten nicht so viel Geld.

Zu Hause ist es viel schöner!

Grüße von Eva

3b) Wie war der Urlaub? – Vergleichen Sie die Postkarte und die E-Mail.

	Was schreibt Eva auf der Postkarte?	Was schreibt sie in der E-Mail?
der Urlaub	Es ist sehr schön hier.	Es war schrecklich!
das Wetter	Die Sonne	Es war
		Am Morgen hatte es
das Hotel		
das Essen		
die Leute		

> **! Kombinationen mit sein und haben:**
>
> sein + *Adjektiv*: Ich **bin** glücklich.
> Das Wetter **war** schrecklich.
>
> sein + *Ort (Frage „wo?")* Ich **war** in Spanien.
>
> haben + *Objekt*: Ich **habe** Hunger.
> Du **hast** nie Zeit für mich!
> Früher **hatte** ich kein Auto.

3c) Ergänzen Sie *sein* und *haben* in der richtigen Form.

1. ● _Hast_ du heute Zeit? – ■ Nein, heute _____ ich leider keine Zeit.
2. ● _____ du traurig? – ■ Ja, ich _____ Probleme.
3. ● Wo _____ ihr im Urlaub? – ■ Wir _____ in Norddeutschland, es _____ sehr schön.
4. Früher _____ ich kein Geld. Heute _____ ich ein bisschen Geld.
5. ● _____ du ein Auto? – ■ Nein. Aber früher _____ ich einen VW.
6. Meine Tochter _____ krank, aber jetzt _____ sie wieder gesund.
7. Gestern _____ ich gestresst, aber heute _____ ich Zeit.
8. Früher _____ ich kein Handy. Das _____ nicht so praktisch.

3d) Schreiben Sie selbst eine Postkarte.

Tag • _Liebe_ • Grüße • gut • Türkei • lieber • in • wunderschön • Das • Viele • Strand

Liebe Lisa, _____ Paul,

wir sind ____ der _____!
Es ist _____ hier.
____ Wetter ist ____ und wir sind jeden ____ am _____.

_____ _____

Anita, Tom und die Kinder

Familie Müller

Gärtnerstraße 5

80992 München

Deutschland

3e) Wo warst du im Urlaub? Wie war es?

Wir haben das Jahr 2010:
Vor einem Jahr war ich in Italien. Das war sehr schön.   → vor einem Jahr = 2009
Vor zwei Jahren war ich in Berlin. Das war interessant.   → vor zwei Jahren = 2008

das Jahr   **vor** eine**m** Jahr   die Woche   **vor** ein**er** Woche
           vor zwei Jahr**en**   **vor** drei Woch**en**

Zeit: vor + *Dativ*

Herr Anders fährt gern in Urlaub. Wo war er und wie war es? Schreiben Sie.

1. vor 1 Jahr – Kanada – super

    Vor einem Jahr war er in Kanada. Das war super.

2. vor 2 Jahr... – Indien – sehr interessant

    Vor

3. vor 3 Jahr... – Russland – wunderbar

4. vor 4 Jahr... – **die** Schweiz (Dativ!) – sehr gut

5. vor 5 Jahr... – **die** Türkei (Dativ!) – wunderschön

6. vor 6 Jahr... – nicht in Urlaub gefahren – schrecklich

G

G4 Wann fährt der Zug?

München Hauptbahnhof – Ankunft

RE 32982	**Buchloe** München Hbf 10:19 - München-Pasing 10:26 - Geltendorf 10:48 - Kaufering 10:57 - Buchloe 11:05	Gleis 27
ICE 880	**Hamburg-Altona** München Hbf 10:20 - Ingolstadt Hbf 10:57 - Nürnberg Hbf 11:30 - Würzburg Hbf 12:28 - Fulda 13:02 - Kassel-Wilhelmshöhe 13:34 - Göttingen 13:54 - Hannover Hbf 14:32 - Hamburg-Harburg 15:42 - Hamburg Hbf 15:55 - Hamburg Dammtor 16:01 - Hamburg-Altona 16:09	Gleis 14
ICE 598	**Berlin Ostbahnhof** München Hbf 10:23 - Augsburg Hbf 11:01 - Ulm Hbf 11:49 - Stuttgart Hbf 12:47 - Mannheim Hbf 13:28 - Frankfurt (Main) Hbf 14:08 - Hanau Hbf 14:27 - Fulda 15:09 - Kassel-Wilhelmshöhe 15:42 - Göttingen 16:01 - Hildesheim Hbf 16:32 - Braunschweig Hbf 16:58 - Berlin-Spandau 18:05 - Berlin Hbf 18:19 - Berlin Ostbahnhof 18:30	Gleis 17
RE 10824	**Augsburg Hbf** München Hbf 10:32 - München-Pasing 10:38 - Mering 11:00 ⊙Mering-St Afra 11:03 - Kissing 11:06 - Augsburg-Hochzoll 11:10 - Augsburg Haunstetterstraße 11:15 - Augsburg Hbf 11:18	Gleis 22
ICE 720	**Köln Hbf** München Hbf 10:55 - Nürnberg Hbf 11:57 - Würzburg Hbf 12:54 - Aschaffenburg Hbf 13:34 - Frankfurt (Main) Hbf 14:05 - Frankfurt (M) Flughafen Fernbf 14:21 - Limburg Süd 14:42 - Montabaur 14:54 - Siegburg/Bonn 15:16 - Köln/Bonn Flughafen 15:27 - Köln Hbf 15:40	Gleis 15

4a) Lesen Sie den Ankunfts-Fahrplan. Schreiben Sie dann: Wann fährt der Zug ab? Von welchem Gleis? Wann kommt er an?

Abfahrt	**Gleis**	**Ankunft**
1. *Der Regionalexpress nach Buchloe fährt um 10 Uhr 19 ab.*	*Er fährt von Gleis 27 ab.*	*Er kommt um 11 Uhr 05 in Buchloe an.*
2. *Der ICE nach Hamburg-Altona*	*Er fährt*	*Er kommt*
3. *Der ICE nach Berlin*	*Er*	
4. *Der Regionalexpress nach*		
5. *Der ICE nach*		

4b) Sie sind in Hamburg und müssen mit der U-Bahn fahren. Lesen Sie das Beispiel und schreiben Sie dann.

Königstraße → Emilienstraße (f)
S1 oder S3 bis Jungfernstieg (m),
dann U2 bis Emilienstraße

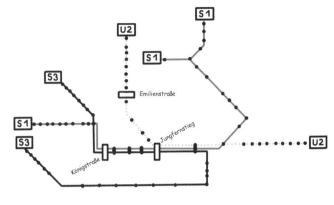

Ich bin in der Königstraße.
- Entschuldigung, ich möchte gern zur Emilienstraße.
- Da müssen Sie umsteigen. Sie nehmen hier die S1 oder die S3 und fahren bis zum Jungfernstieg. Am Jungfernstieg nehmen Sie die U2 bis zur Emilienstraße.
- Vielen Dank!

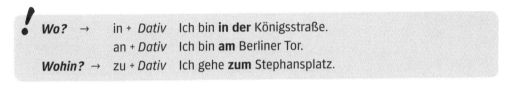

Wo? → in + *Dativ*   Ich bin **in der** Königsstraße.
　　　　　 an + *Dativ* Ich bin **am** Berliner Tor.
Wohin? → zu + *Dativ* Ich gehe **zum** Stephansplatz.

1. Wandsbeker Chaussee (f) → Gerhart-Hauptmann-Platz (m)

   S1 bis Berliner Tor (n), dann Bus 31 bis Gerhart-Hauptmann-Platz (m)

   Ich bin in der Wandsbeker Chaussee.

   - *Entschuldigung, ich möchte* _____
   - *Da müssen Sie umsteigen. Sie nehmen hier die S1 und fahren bis* _____ . Am _____ nehmen Sie den ____ bis _____
   - *Vielen Dank!*

2. Tierpark (m) → Uhlandstraße (f)

   U2 bis Berliner Tor (n), dann U3 bis Uhlandstraße

   Ich bin am _____

   • _Entschuldigung, ich_ _____

   ■ _____
   _____
   _____

   • _____

3. Osterstraße (f) → Stephansplatz (m)

   U2 bis Jungfernstieg (m) dann U1 bis Stephansplatz

   _____

   • _____

   ■ _____
   _____
   _____

   • _____

4c) *Ich fahre los, ich steige um, ich komme zurück.* – **Lesen Sie das Beispiel und schreiben Sie Sätze.**

Lisa fährt am Montag nach Leipzig.
Sie nimmt den Zug.
Sie **fährt** um 9 Uhr **los**.
Sie **steigt** in Nürnberg **um**.
Sie **kommt** um 3 Uhr **an**.
Sie **fährt** am Freitag **zurück**.

! Lerntipp

sie fährt los	– losfahren	sie kommt an	– ankommen
sie steigt um	– umsteigen	sie fährt zurück	– zurückfahren

1. Tom, Montag: Freiburg — Tom fährt am Montag nach Freiburg.
   losfahren: 9 Uhr — Er fährt um
   umsteigen: Mannheim — Er steigt in
   ankommen: 2 Uhr — Er kommt um
   zurückfahren: Donnerstag — Er fährt am

2. Lena, Dienstag: Düsseldorf
   losfahren: 9 Uhr
   umsteigen: Köln
   ankommen: 2 Uhr
   zurückfahren: Freitag

3. Paul, Mittwoch: Zürich
   losfahren: 4 Uhr
   umsteigen: Winterthur
   ankommen: 9 Uhr
   zurückfahren: Sonntag

4. Reyhan, Donnerstag: Istanbul — Reyhan fliegt
   losfliegen: 8 Uhr 50 — Sie fliegt
   ankommen: 12 Uhr 15 — Sie kommt
   dauern: 3 Stunden — Der Flug dauert drei Stunden.
   zurückfliegen: Samstag — Sie fliegt

5. Piero, Freitag: Rom
   losfliegen: 15 Uhr
   ankommen: 16 Uhr 30
   dauern: 1,5 Stunden
   zurückfliegen: Mittwoch

6. Jasmine, Samstag: Dubai
   losfliegen: 11 Uhr 55
   umsteigen: Frankfurt
   ankommen: 22 Uhr 50
   dauern: 9 Stunden

H. Arbeit, Beruf, Lernen

H1 Das Alphabet der Berufe

1a) Ein Architekt backt Brot und Brötchen?
Nein! Ordnen Sie.

Klassische Berufe:

1. Ein Architekt
2. Eine Ärztin
3. Ein Bankkaufmann
4. Eine Bäckerin
5. Eine Floristin
6. Ein Fotograf
7. Eine Kindergärtnerin
8. Eine Krankenschwester
9. Ein Koch
10. Eine Lehrerin
11. Ein Polizist
12. Ein Schneider
13. Eine Verkäuferin
14. Ein Zahnarzt

a) backt Brot und Brötchen.
b) arbeitet in einer Bank.
c) kocht Essen.
d) macht Fotos.
e) plant Häuser.
f) arbeitet in einer Schule.
g) hilft Patienten im Krankenhaus, bringt Medizin und Essen.
h) näht Kleidung.
i) hilft bei Zahnproblemen.
j) verkauft Produkte in einem Geschäft oder Kaufhaus.
k) arbeitet im Kindergarten.
l) heilt kranke Leute. *heilen = gesund machen*
m) arbeitet bei der Polizei.
n) verkauft Blumen und Pflanzen.

1.	2.	3.	4.	5.	6.	7.	8.	9.	10.
e)									

11.	12.	13.	14.

Moderne Berufe:

1. Ein Flugbegleiter
2. Eine Grafikerin
3. Ein Heilpraktiker
4. Ein IT-Berater
5. Eine Maklerin
6. Eine Psychologin
7. Ein Reisekaufmann
8. Ein Steuerberater
9. Ein Werbekaufmann

a) heilt Leute mit Naturmedizin.
b) arbeitet in einer Agentur für Wohnungen und Häuser.
c) bedient Passagiere in einem Flugzeug.
d) hilft bei psychischen Problemen.
e) macht Grafiken für Kataloge, Webseiten etc.
f) hilft bei der Steuererklärung.

Steuererklärung = Dokument für das Finanzamt

g) plant Reklame und Marketing.
h) arbeitet im Reisebüro.
i) hilft einer Firma mit dem Computersystem.

1.	2.	3.	4.	5.	6.	7.	8.	9.

1b) Ein Mann ist Architekt. Eine Frau ist Architektin. – Ergänzen Sie die männliche oder die weibliche Form.

1. der Architekt — _die Architektin_
2. _der Arzt_ — die **Ä**rztin
3. _____ — die Bäckerin
4. der Bankkauf**mann** — _____ **frau**
5. _____ — die Floristin
6. der Fotograf — _____
7. der Flugbegleiter — _____
8. _____ — die Grafikerin
9. der Heilpraktiker — _____
10. der IT-Berater — _____
11. _____ — die Kindergärtnerin
12. der Kranken**pfleger** — _____ _schwester_
13. der K**o**ch — _____
14. _____ — die Lehrerin
15. der Makler — _____
16. der Polizist — _____
17. der Psycholog**e** — _____
18. der Reisekauf**mann** — _____ **frau**
19. der Schneider — _____
20. der Steuerberater — _____
21. _____ — die Verkäuferin
22. der Werbekauf**mann** — _____ **frau**
23. der Zahn**a**rzt — _____

H2 Lernstationen

2a) Sortieren Sie die Lernstationen.

> in/auf die Hauptschule gehen • in/auf die Realschule gehen • ins/aufs Gymnasium gehen • an einer Fachhochschule oder an einer Universität studieren • in die Kinderkrippe gehen • in/auf die Grundschule gehen • Schneider, Bäcker, Bankkaufmann, Krankenpfleger, Verkäufer • eine Ausbildung machen • in den Kindergarten gehen • Arzt, Architekt, Lehrer, Psychologe, Zahnarzt

1. Vor der Schule

Bis 3 Jahre alt: _in die Kinderkrippe gehen_

3 Jahre und älter: _____

2. Schule

Klasse 1 bis 4: _____

Klasse 5 bis 9: _____

oder: Klasse 5 bis 10: _____

oder: Klasse 5 bis 12: _____

3. Nach der Schule

_____ (dauert 2 bis 3 Jahre)

oder: _____

_____

(dauert 3 bis 5 Jahre)

4. Beruf

Für diese Berufe muss man eine Ausbildung machen:

_____

Für diese Berufe muss man studieren:

_____

2b) Sara erzählt von sich. – Lesen Sie den Text.

Sara:
„Ich bin 1985 geboren. In eine Kinderkrippe bin ich nicht gegangen. Aber ich war im Alter von vier bis sechs Jahren im Kindergarten.
Danach bin ich in die Grundschule gegangen. Das waren vier Jahre, also von 1992 bis 1996.
Ich hatte schon als kleines Kind Tiere sehr gern. Mit zehn habe ich gesagt: ‚Ich möchte einmal in einem Zoo arbeiten!'
Von 1997 bis 2003 bin ich in die Realschule gegangen. Danach habe ich eine Lehrstelle als Tierpflegerin bekommen. Die Lehre hat drei Jahre gedauert.
2006 habe ich die Lehre beendet. Ich habe viele Bewerbungen geschrieben.
2007 habe ich eine Stelle im Zoo von Wuppertal gefunden. Meine Arbeit gefällt mir sehr gut – mit Tieren arbeiten ist nie langweilig!"

> die Bewerbung = ich möchte eine Arbeit und schreibe einen Brief oder eine E-Mail an eine Firma
> die Stelle = der Arbeitsplatz

2c) Schreiben Sie den Text neu: Erzählen Sie von Sara.

Sara ist 1985 geboren. In eine Kinderkrippe ist sie _____

_____
_____
_____
_____
_____
_____
_____

von 1990 **bis** 1994   **mit** zehn Jahre**n** = ich war zehn Jahre alt

2d) Wann war das? Vor wie vielen Jahren? Schreiben Sie die Zahlen in Worten.

1. Sara ist heute 25 Jahre alt. Mit zehn Jahren hat sie gesagt: „Ich möchte mit Tieren arbeiten!" Das hat sie _vor_ _fünfzehn_ _Jahren_ gesagt.

2. Ich bin heute 30 Jahre alt. Ich habe mit 20 meine Arbeit angefangen. Das war ____ _____ _____.

3. Heute bin ich 43 Jahre alt. Mit drei Jahren bin ich in den Kindergarten gekommen. Das war ____ _____ _____.

4. Heute bin ich 85 Jahre alt. Ich arbeite nicht mehr! Mit 65 Jahren bin ich in Rente gegangen. Das war ____ _____ _____.

> **! Vor *oder* seit?**
>
> **vor**: *Zeitpunkt (Moment) in der Vergangenheit*
> Sara **hat** die Ausbildung vor vier Jahren **beendet**. → *Verb im Perfekt*
>
> **seit**: *Die Handlung hat in der Vergangenheit begonnen, dauert aber in der Gegenwart noch an (Kontinuität).*
> Sie **arbeitet** seit drei Jahren in Wuppertal. → *Verb im Präsens*

2e) *Seit* oder *vor*? Setzen Sie ein.

1. _Seit_ wann bist du verheiratet?
2. Ich habe _____ zwei Monaten geheiratet.
3. Sie lebt _____ zehn Jahren in Zürich.
4. Unsere Tante wohnt schon _____ vier Wochen bei uns!
5. _____ einer Woche haben wir neue Nachbarn bekommen.
6. Mein Großvater ist _____ 80 Jahren geboren.
7. Schon _____ 20 Jahren habe ich bei dieser Firma angefangen.
8. Ich arbeite schon _____ 1995 bei der gleichen Firma.

H3 Ein Termin – viele Termine!

3a) Welcher Tag ist heute? Ordnen Sie die Wochentage.

Mittwoch • Samstag • Freitag • Dienstag • Sonntag • Donnerstag • Montag

1. _____Montag_____
2. _____
3. _____
4. _____
5. _____
6. _____
7. _____

3b) Wie heißen die Monate? Ordnen Sie.

April • August • Juni • Juli • Dezember • Februar • Mai • Oktober • März • Januar • September • November

1. _____Januar_____
2. _____
3. _____
4. _____
5. _____
6. _____
7. _____
8. _____
9. _____
10. _____
11. _____
12. _____

3c) Der Wievielte ist heute? Sehen Sie in den Kalender und schreiben Sie das Datum in Worten.

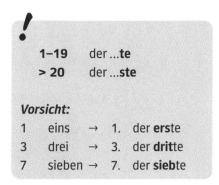

1. 04.09.   _Heute ist Dienstag, der vierte September._
2. 19.09.   _____
3. 08.09.   _____
4. 23.09.   _____
5. 06.09.   _____
6. 17.09.   _____
8. 21.09.   _____
2. 25.09.   _____

3d) Wann ist der Termin? Lesen Sie die Beispiele.

Wann?
Der Arzttermin ist **am** zwölf**ten** August **um** neun Uhr dreißig.

Von wann bis wann?
Der Computerkurs ist **vom** zwölf**ten** August **bis zum** sechzehn**ten** August, **von** neun Uhr dreißig bis **zwölf** Uhr.

3e) Schreiben Sie die Termine in Worten.

1 Konzert 23.02. 20:00

2 Abendessen bei Tom und Sara 25.10. 19:00

3 Geburtstagsfeier von Lea 15.04. 19:30

4 muss Auto aus der Werkstatt holen 18.12. 10:00

5 Deutschkurs 10.01.-05.02. 08:30-12:45

6 Sprechstunde von Timos Lehrerin 08.03. 13:30-14.30

7 Urlaub! 28.07.-13.08.

1. Das Konzert ist am dreiundzwanzigsten Februar um zwanzig Uhr.
2. Das Abendessen _____
3. _____
4. Ich muss am _____ das Auto aus der Werkstatt holen.
5. _____
6. _____
7. _____

H4 Deutsch lernen macht Spaß

„Erste Hilfe" ✚ zum Deutschlernen – Sortieren Sie die Antworten zu den vier Problemen! Manchmal passt eine Antwort auch für zwei oder drei Probleme.

> Ich mache mit Freunden einen Kurs. Das macht mehr Spaß als allein. • Ich kaufe ein Wörterbuch. • Ich kaufe ein Grammatikbuch mit Kommentar in meiner Sprache. • Ich frage meine Deutschlehrerin. • Ich mache einen Lernplan: Jeden Tag ein bisschen lernen! • Ich frage meine Kollegen im Deutschkurs. • Ich mache einen Deutschkurs. • Ich mache etwas, das ich gern mache: Ich sehe einen deutschen Film, höre deutsche Musik, lese ein deutsches Buch ... • Ich suche eine Person, die meine Sprache lernt. Wir sprechen eine halbe Stunde Deutsch, dann eine halbe Stunde meine Sprache. • Ich frage meine Deutschlehrerin. • Ich sehe die Grammatik in meinem Deutschbuch an. • (In Deutschland, Österreich, der Schweiz): Ich mache einen Computerkurs oder einen Kochkurs und spreche mit den Leuten dort.

1. Problem: Ich verstehe ein Wort nicht.
   Was kann ich tun?

   - _Ich kaufe ein Wörterbuch._
   - _____
   - _____

2. Problem: Ich verstehe die Grammatik nicht.
   Was kann ich tun?

   - _____
   - _____
   - _____

3. Problem: Ich kann nicht Deutsch sprechen.
   Was kann ich tun?

   - _____
   - _____
   - _____

4. **Problem: Deutsch lernen macht mir nicht so viel Spaß.**
   Was kann ich tun?

   - _____
     _____
   - _____
   - _____

**Welche Tipps finden Sie gut? Welche möchten Sie probieren?
Markieren Sie diese Tipps!**

Viel Spaß beim Deutschlernen!!!

Lösungen

A. Personen

A1

A1a) 1. Tina; England; London 2. heiße Ricardo; komme aus Argentinien; wohne in Buenos Aïres 3. ein Mann; Erkan; aus der Türkei; in Frankfurt 4. ist eine Frau; heißt Susan; kommt aus Australien; wohnt in Berlin

A1b)

	heißen	kommen	wohnen	sein
ich	heiße	komme	wohne	bin
du	heißt	kommst	wohnst	bist
er, sie	heißt	kommt	wohnt	ist

A1c) 1. sind; kommen; wohnen 2. seid; kommt; wohnt 3. sind; kommen; wohnen

A1d)

	kommen	wohnen	sein
wir	kommen	wohnen	sind
ihr	kommt	wohnt	seid
sie	kommen	wohnen	sind

A1e) 1. Ich komme aus Italien. 2. Er wohnt in Österreich. 3. Sie heißt Isabel. 4. Wir wohnen in München. 5. Eva und Anton wohnen in Köln. 6. Er kommt aus Norwegen. 7. Du wohnst in Madrid. 8. Ihr kommt aus Russland.

A2

A2b) **Familienname:** Becker; **Vorname:** Susanne; **Geschlecht:** w
Geburtsdatum: 05.04.1979
Geburtsort: Hamburg; **erwerbstätig:** nein
Kinder: ja
(1. Kind) Familien- und Vorname: Becker Paul; **Geburtsjahr:** 2002; **Geschlecht:** m
(2. Kind) Familien- und Vorname: Becker Anna; **Geburtsjahr:** 2004, **Geschlecht:** w
Ehemann:
Familienname: Becker; **Vorname:** Marc; **Geschlecht:** m
Geburtsdatum: 28.09.1977
Geburtsort: Bielefeld; **erwerbstätig:** ja

A2c) Das ist Familie Aydin. Osman ist am 21.06.1973 in Ankara geboren. Er arbeitet. (Er ist erwerbstätig.)
Gülan Aydin ist am 01.02.1972 in Istanbul geboren. Sie arbeitet auch. (Sie ist auch erwerbstätig.)
Osman und Gülan haben ein Kind (eine Tochter): Yara, geboren 1999.

A3

A3a) wie/heißt/du/mein/name/ist/paul/er/kommt/aus/münchen/was/ist/sie/von/beruf/sie/ist/lehrerin/guten/tag/frau/müller/wie/geht/es/ihnen/danke/gut/und/ihnen/wer/ist/das/das/ist/petra/ist/das/ihre/tasche/ja/das/ist/meine

A3b) 1. ● Wie heißt du? – ■ Mein Name ist Paul. 2. Er kommt aus München. 3. ● Was ist sie von Beruf? – ■ Sie ist Lehrerin. 4. ● Guten Tag, Frau Müller! Wie geht es Ihnen? – ■ Danke, gut. Und Ihnen? 5. ● Wer ist das? – ■ Das ist Petra. 6. ● Ist das Ihre Tasche? – ■ Ja, das ist meine.

A3c) **D**as ist eine **S**tadt. **D**ie **S**tadt heißt **S**alzburg. **H**ier gibt es viele **T**ouristen, viele **M**useen und viel **M**usik. **H**err **M**üller und **F**rau **M**üller gehen heute in ein **K**onzert. **D**ie **K**arten sind nicht teuer.

A4

A4a) **formell:** Leute auf der Straße; Kunde und Verkäuferin; Mitarbeiter und Chef
informell: Freunde; Familie; gute Kollegen

A4b) **formell:**
● Guten Tag, wie geht es Ihnen?
■ Danke, gut, und Ihnen?
● Auch gut, danke.

informell:
● Hallo, wie geht's?
■ Danke, gut, und dir?
● Auch gut, danke.

A4c) sehr gut — gut — es geht — nicht so gut — schlecht

B. Dinge

B1

B1b) 1. eine Straße; Die Straße 2. ein Auto; Das Auto 3. ein Markt; Der Markt 4. ein Geschäft; Das Geschäft 5. Häuser; Die Häuser 6. ein Platz; Der Platz 7. ein Büro; Das Büro 8. ein Pullover; Der Pullover 9. Schuhe; Die Schuhe 10. eine Tasche; Die Tasche

B2 1. Nein, das ist kein Buch, das ist ein Heft. 2. Nein, das ist keine Tasche, das ist eine Tüte. 3. Nein, das ist kein Messer, das ist eine Schere. 4. Nein, das ist keine Schere, das ist ein Schlüssel. 5. Nein, das ist keine Tüte, das ist ein Rucksack. 6. Nein, das ist keine Zeitung, das ist eine Zeitschrift. 7. Nein, das ist kein Telefon, das ist ein Computer. 8. Nein, das sind keine Schuhe, das sind Socken.

B3 1. Die Digitalkamera kostet 169 Euro. Mit der Digitalkamera kann man Fotos machen. 2. Der Computer kostet 699 Euro. Mit dem Computer kann man Texte schreiben und im Internet surfen. 3. Der Drucker kostet 89 Euro. Mit dem Drucker kann man Texte oder Fotos drucken. 4. Das Handy kostet 79 Euro. Mit dem Handy kann man telefonieren und SMS schreiben. 5. Der MP3-Player kostet 45 Euro. Mit dem MP3-Player kann man Musik hören. 6. Die Waschmaschine kostet 399 Euro. Mit der Waschmaschine kann man Wäsche waschen. 7. Der DVD-Player kostet 149 Euro. Mit dem DVD-Player kann man DVDs ansehen. 8. Der LCD-Fernseher kostet 559 Euro. Mit dem LCD-Fernseher kann man fernsehen.

B4

B4b)
1. ● Hast du eine Waschmaschine?
   ■ Ja, ich habe eine Waschmaschine. Und du?
   ● Ich habe keine Waschmaschine.
2. ● Hast du einen Fernseher?
   ■ Ja, ich habe einen Fernseher. Und du?
   ● Ich habe keinen Fernseher.
3. ● Hast du ein Handy?
   ■ Ja, ich habe ein Handy. Und du?
   ● Ich habe kein Handy.
4. ● Hast du eine Mikrowelle?
   ■ Ja, ich habe eine Mikrowelle. Und du?
   ● Ich habe keine Mikrowelle.
5. ● Hast du einen Drucker?
   ■ Ja, ich habe einen Drucker. Und du?
   ● Ich habe keinen Drucker.
6. ● Hast du einen DVD-Player?
   ■ Ja, ich habe einen DVD-Player. Und du?
   ● Ich habe keinen DVD-Player.
7. ● Hast du ein Auto?
   ■ Ja, ich habe ein Auto. Und du?
   ● Ich habe kein Auto.
8. ● Hast du ein Fahrrad?
   ■ Ja, ich habe ein Fahrrad. Und du?
   ● Ich habe kein Fahrrad.

B5

B5a)
ich Ja, das ist _mein_ Schlüssel. Ja, das ist _meine_ Tasche. Ja, das ist _mein_ Buch. Ja, das sind _meine_ Bücher.
du Nein, das ist _dein_ Schlüssel. Nein, das ist _deine_ Tasche. Nein, das ist _dein_ Buch. Nein, das sind _deine_ Bücher.
er Nein, das ist _sein_ Schlüssel. Nein, das ist _seine_ Tasche. Nein, das ist _sein_ Buch. Nein, das sind _seine_ Bücher.
sie Nein, das ist _ihr_ Schlüssel. Nein, das ist _ihre_ Tasche. Nein, das ist _ihr_ Buch. Nein, das sind _ihre_ Bücher.

B5b) 1. Das ist mein Haus. 2. Das ist sein Auto. 3. Das ist dein Stift. 4. Das ist meine Jacke. 5. Das ist ihr Handy. 6. Das sind seine Hefte. 7. Das ist deine Tasche. 8. Das sind ihre Schuhe.

B5c) 1. Ist das Ihr Pass? 2. Ist das Ihr Auto? 3. Ist das Ihre Adresse? 4. Ist das Ihre Telefonnummer? 5. Ist das Ihr Stift? 6. Ist das Ihre Uhr? 7. Ist das Ihre Tasche? 8. Sind das Ihre Bücher?

B5d) 1. Ich muss in die Stadt fahren, aber ich habe kein Fahrrad! Kannst du mir dein Fahrrad leihen, bitte? 2. Ich verstehe ein Wort nicht, aber ich habe kein Wörterbuch! Kannst du mir dein Wörterbuch leihen, bitte? 3. Ich muss telefonieren, aber ich habe kein Handy! Kannst du mir dein Handy leihen, bitte? 4. Mir ist kalt, aber ich habe keinen Pullover! Kannst du mir deinen Pullover leihen, bitte? 5. Ich muss einkaufen, aber ich habe keine Kreditkarte! Kannst du mir deine Kreditkarte leihen, bitte?

B5e) 1. (du) Bitte, kannst du mir das Salz geben? (Sie) Bitte, können Sie mir das Salz geben? 2. (du) Bitte, kannst du mir Papier geben? (Sie) Bitte, können Sie mir Papier geben? 3. (du) Bitte, kannst du mir das Brot geben? (Sie) Bitte, können Sie mir das Brot geben? 4. (du) Bitte, kannst du mir deine Telefonnummer geben? (Sie) Bitte, können Sie mir Ihre Telefonnummer geben? 5. (du) Bitte, kannst du mir helfen? (Sie) Bitte, können Sie mir helfen? 6. (du) Bitte, kannst du das Fenster aufmachen? (Sie) Bitte, können Sie das Fenster aufmachen? 7. (du) Bitte, kannst du das Fenster zumachen? (Sie) Bitte, können Sie das Fenster zumachen?

C. Alltag

C1

C1a) 1. Arztpraxis 2. Sprachschule 3. Supermarkt 4. Friseur 5. Meldeamt 6. Obst- und Gemüseladen

C1b)

können	müssen
ich kann	ich muss
du kannst	du musst
er, sie, es kann (kein -t!)	er, sie, es muss (kein -t!)
wir können	wir müssen
ihr könnt	ihr müsst
sie, Sie können	sie, Sie müssen

C1c) 1. Ich muss um 9 Uhr zur Sprechstunde kommen. 2. Du kannst dich hier zum Sprachkurs anmelden. 3. Martin muss in den 3. Stock gehen. 4. Wir können dort billig einkaufen. 5. Toni und Ella müssen mehr als 20 Euro bezahlen. 6. Barbara kann eine E-Mail ans Meldeamt schreiben. 7. Ihr müsst dort vor 17 Uhr anrufen. 8. Du kannst hier Obst und Gemüse kaufen.

C2

C2a)

wollen	dürfen
ich will	ich darf
du willst	du darfst
er, sie, es will (kein -t!)	er, sie, es darf (kein -t)
wir wollen	wir dürfen
ihr wollt	ihr dürft
sie, Sie wollen	sie, Sie dürfen

C2b) 1. will; darf 2. will; darf 3. will; darf 4. wollt; dürft 5. dürfen 6. Wollen; dürfen 7. willst; darfst 8. Darf; darf

C3

C3a) 1. Julie steht um halb sieben auf. 2. Dann frühstückt sie. 3. Um acht Uhr geht sie in die Sprachschule. 4. In der Schule lernt sie Wörter und Grammatik. 5. Der Kurs fängt um halb neun an und er ist um eins zu Ende. 6. Dann geht sie nach Hause und kocht das Mittagessen. 7. Am Nachmittag geht sie spazieren oder sie kauft ein. 8. Am Nachmittag macht sie auch die Hausaufgaben für morgen. 9. Sie isst um sieben und sie geht um elf ins Bett. 10. Sie schläft bald und sie träumt auf Deutsch!

C3b) 1. Wann stehst du auf? 2. Wann gehst du zur Arbeit? 3. Was machst du am Vormittag? 4. Wann isst du zu Mittag? 5. Was machst du am Nachmittag? 6. Wann isst du zu Abend? 7. Wann gehst du ins Bett?

C3c) 1. Gehst du auch in eine Sprachschule? 2. Lernst du auch Wörter und Grammatik? 3. Kochst du auch das Mittagessen? 4. Gehst du auch spazieren? 5. Machst du auch Hausaufgaben? 6. Träumst du auch auf Deutsch?

C3d) 1. Ich stehe um sieben auf. 2. Ich gehe um neun zur Arbeit. 3. Ich esse um eins zu Mittag. 4. Ich gehe am Nachmittag spazieren. 5. Ich sehe am Abend fern. 6. Ich gehe um elf ins Bett.

C3e) 1. **A** Ich stehe um sieben auf. **B** Um sieben stehe ich auf. 2. **A** Ich gehe um neun zur Arbeit. **B** Um neun gehe ich zur Arbeit. 3. **A** Ich esse um eins zu Mittag. **B** Um eins esse ich zu Mittag. 4. **A** Ich gehe am Nachmittag spazieren. **B** Am Nachmittag gehe ich spazieren. 5. **A** Ich sehe am Abend fern. **B** Am Abend sehe ich fern. 6. **A** Ich gehe um elf ins Bett. **B** Um elf gehe ich ins Bett.

C4

C4a) ① Liebe Lisa,
es ist schon elf Uhr abends, aber ich möchte Dir noch schreiben. Mein Tag heute war wirklich stressig!
③ Ich bin wie immer um sechs Uhr aufgestanden und habe Frühstück gemacht. Sandra ist heute acht Jahre alt geworden und wir haben ihr natürlich zum Geburtstag gratuliert. Dann habe ich sie in die Schule und Tim in den Kindergarten gebracht.
⑦ Paul ist heute Vormittag für drei Tage nach Köln gefahren, er trifft dort Kollegen. Ich habe seinen Koffer fertig gepackt.
⑤ Das war alles ziemlich normal. Aber dann! Die Kinder sind nach Hause gekommen und haben gefragt: „Hast du schon alles für die Party vorbereitet?" Natürlich nicht, denn ich hatte keine Zeit! Also haben wir zusammen einen Kuchen gebacken und den Kartoffelsalat gemacht. Die Würstchen habe ich schon gestern eingekauft.
② Um drei Uhr war ich total müde, aber da hat die Party angefangen! Neun Kinder sind gekommen. Wir haben viele Spiele gemacht, Kuchen gegessen und Kakao getrunken. Es war sehr lustig. Aber jetzt möchte ich eine Woche Urlaub!
⑥ Um acht waren alle weg. Da hat Paul angerufen. Er hat gesagt: „Schade, ihr habt Geburtstag gefeiert und ich war nicht da!" Ich habe gesagt: „Nächstes Jahr kannst du ja alles organisieren!"
④ Jetzt habe ich alles aufgeräumt und Dir schnell geschrieben. Wie geht es Dir, Lisa? Du hattest sicher einen ruhigen Tag! Schreib mir bald!
Viele Grüße
Anita

C4b) 1. falsch 2. richtig 3. falsch 4. richtig 5. falsch 6. falsch 7. falsch 8. richtig

C4c) 1. sein 2. aufstehen 3. machen 4. werden 5. gratulieren 6. bringen 7. fahren 8. packen 9. sein 10. kommen 11. fragen 12. vorbereiten 13. haben 14. backen 15. machen 16. einkaufen 17. anfangen 18. kommen 19. machen 20. essen 21. trinken 22. anrufen 23. sagen 24. feiern 25. aufräumen 26. schreiben 27. haben

C4d) Liebe Anita,
danke für Deine E-Mail! Du Arme – Dein Tag <u>war</u> wirklich stressig!
Aber mein Tag <u>war</u> auch nicht so ruhig!
Am Morgen <u>bin</u> ich ins Büro <u>gegangen</u>, wie immer. Ich <u>habe</u> mit Kunden <u>telefoniert</u> und E-Mails <u>geschrieben</u>.
Mittags <u>bin</u> ich mit einer Kollegin essen <u>gegangen</u>. Du kennst doch das kleine italienische Restaurant in der Nähe von meinem Büro. Ich <u>habe</u> Pizza und einen Salat <u>gegessen</u> und eine Cola <u>getrunken</u>. Wir <u>haben</u> eine Stunde Mittagspause <u>gemacht</u>.
Um zwei <u>bin</u> ich ins Büro <u>zurückgekommen</u> und das Internet <u>hat</u> nicht <u>funktioniert</u>! Das Problem haben wir oft. Wir <u>haben</u> einen Techniker <u>gerufen</u>. Er <u>hat</u> <u>gesagt</u>, wir müssen alles neu installieren!
Mein Chef <u>hat</u> <u>gesagt</u>, ich kann nach Hause gehen. Ein freier Nachmittag! Und was <u>habe</u> ich <u>gemacht</u>? Ich <u>habe</u> <u>aufgeräumt</u> und die Wohnung <u>geputzt</u>.
Danach <u>war</u> ich so müde! Ich <u>bin</u> um neun ins Bett <u>gegangen</u> und <u>habe</u> auch nicht mehr <u>ferngesehen</u>. ...

D. Essen und Trinken

D1

D1a) 1. ein Kilo 2. eine Flasche (ein Liter) 3. ein Liter (eine Flasche) 4. hundert Gramm 5. ein Glas 6. eine Packung 7. ein Kasten 8. ein Becher 9. eine Dose

D1b) 1. Was kostet ein Kilo Bananen? – Ein Kilo Bananen kostet 1,19 Euro. 2. Was kosten zwei Kilo Kartoffeln? – Zwei Kilo Kartoffeln kosten 1,49 Euro. 3. Was kosten hundert Gramm Käse? – Hundert Gramm Käse kosten 1,39 Euro. 4. Was kostet eine Packung Nudeln? – Eine Packung Nudeln kostet 1,39 Euro. 5. Was kostet ein Glas Honig? Ein Glas Honig kostet 3,49 Euro. 6. Was kostet ein Becher Joghurt? – Ein Becher Joghurt kostet 39 Cent. 7. Was kostet eine Dose Tomaten? – Eine Dose Tomaten kostet 59 Cent.

D2

D2a) 1. falsch 2. falsch (Wurst) 3. richtig 4. falsch 5. richtig 6. falsch 7. richtig 8. richtig 9. falsch 10. falsch 11. falsch (drei Sorten) 12. richtig 13. falsch

D2b) 1. Die Frau trinkt einen Apfelsaft und isst ein Schinkenbrot. Das Mädchen trinkt eine Limonade und isst einen Apfelkuchen. 2. Die erste Frau trinkt einen Cappuccino und isst einen Windbeutel. Die andere Frau trinkt einen Tee. 3. Die Frau trinkt ein Mineralwasser und isst einen Salat. Der Mann trinkt ein Bier und isst zwei Wiener Würstchen. 4. Die Mutter trinkt einen Kaffee und isst einen Schokoladenkuchen. Der Vater trinkt ein Mineralwasser und isst Spaghetti. Der Sohn trinkt eine Cola und isst eine Erdbeertorte. Die Tochter trinkt einen Orangensaft und isst ein Käsebrot.

D3

D3a) 1. Brot, Knödel, Schweinebraten 2. Gulasch, Schnitzel, Mehlspeisen 3. Käsefondue, Rösti, Schokolade

D3c) 1. immer 2. manchmal 3. meistens 4. oft 5. selten 6. nie 7. oft

D3d) 100 % immer; 80 % meistens; 60 % oft; 30 % manchmal; 10 % selten; 0 % nie

D3e) 1. immer 2. oft 3. manchmal 4. nie 5. selten 6. manchmal 7. meistens 8. oft

E. Wohnen

E1

E1a) 1. falsch 2. richtig 3. falsch 4. falsch 5. falsch 6. richtig

E1b) 1. Ich wohne in einem Mietshaus. 2. Ich wohne in einem Hochhaus. 3. Du wohnst in einem Reihenhaus. 4. Er wohnt in einem Studentenheim. 5. Sie wohnt in einer Villa. 6. Wir wohnen in einem Wohnblock. 7. Ihr wohnt in einer Großstadt. 8. Sie wohnen in einem Dorf.

E1c) 1. Es gibt hier ein Kino. – Hier gibt es ein Kino. 2. Es gibt da viele Geschäfte. – Da gibt es viele Geschäfte. 3. Es gibt hier einen Park. – Hier gibt es einen Park. 4. Es gibt dort ein Internetcafé. – Dort gibt es ein Internetcafé. 5. Es gibt da ein Fahrradgeschäft. – Da gibt es ein Fahrradgeschäft. 6. Es gibt hier eine Apotheke. – Hier gibt es eine Apotheke. 7. Es gibt da eine Bank. – Da gibt es eine Bank.

E1d) 1. Gibt es hier ein Kino? 2. Gibt es da viele Geschäfte? 3. Gibt es hier einen Park? 4. Gibt es dort ein Internetcafé? 5. Gibt es da ein Fahrradgeschäft? 6. Gibt es hier eine Apotheke? 7. Gibt es da eine Bank?

E2

E2a) 1. 830 Euro; 75 m²; vier; in Düsseldorf-Oberkassel; ab sofort 2. 569 Euro; 65 m²; zwei; am Volksgarten; ab 30.11. 3. 485 Euro; 45 m²; eins (ein Zimmer); in Düsseldorf-Grafenberg; ab 1.11. 4. 690 Euro; 85 m²; vier; in Düsseldorf-Lohausen, Nähe Flughafen; ab sofort 5. 785 Euro; 70 m²; zwei; in Düsseldorf-Urdenbach; ab 1.11 oder 1.12.

E2b) 1. d) Familie Roth 2. c) Herr und Frau Marbach 3. a) Leo Wirth 4. b) Familie Sauer 5. e) Frau Messner

E3

E3a) ② Düsseldorf, 5. Dezember 2009
Liebe Tina, lieber Carlo,
endlich haben wir eine neue Wohnung! Wir haben so lange gesucht. Jetzt wohnen wir direkt am Volksgarten!
① Wir möchten euch für Samstagabend, den 12. Dezember zur Einweihungsparty einladen. Die Party fängt um 20:00 an. Wir machen ein Büffet!
④ Habt ihr Zeit? Hoffentlich! Bitte ruft uns an oder schreibt uns eine E-Mail.
③ Liebe Grüße und bis bald
Inge und Klaus

E3b) ④ Düsseldorf, 05.12.2009
Sehr geehrter Herr Meinecken,
① seit 01.12. wohnen wir in Ihrer Wohnung, Brinckmannstr. 12, 3. Stock.
Die Wohnung gefällt uns sehr gut.
③ Leider gibt es ein paar technische Probleme. Das haben wir bei unserer Besichtigung am 22.11. nicht gesehen.
② 1. Die Heizung funktioniert nicht richtig! Wir haben maximal 17 Grad in der Wohnung. 2. Aus der Spüle in der Küche läuft Wasser aus!
⑤ Wir können Sie telefonisch nicht erreichen. Können Sie uns bitte helfen? Vor allem die Heizung ist wichtig. Es wird jetzt ziemlich kalt.
⑦ Bitte rufen Sie uns schnell an oder kommen Sie vorbei!
Unsere Telefonnummer haben Sie.
⑥ Mit freundlichen Grüßen
Inge und Klaus Marbach

E3c) 1. richtig 2. falsch 3. falsch 4. richtig 5. richtig 6. richtig 7. falsch 8. falsch

E3d)

> Die Anredepronomen *du, dich, dir* und *ihr, euch, euch* sind in dieser Lösung kleingeschrieben. Sie können Sie aber auch großschreiben, wenn es sich um Briefe, Karten und E-Mails handelt, so wie hier:
> *Wir möchten Dich herzlich einladen.*
> *Ich lade Euch zu meiner Party ein.*

1. ... wie geht es euch?
Ich lade euch herzlich zu meiner Geburtstagsparty am Freitag, den 7. Februar ein. Beginn ist 20 Uhr.
Habt ihr Zeit?
Bitte antwortet mir bis zum 1. Februar oder ruft mich an. ...

2. ... wir möchten dich herzlich zu unserem jährlichen Sommerfest einladen!
Es findet dieses Jahr am 20. Juli statt. Um 18 Uhr fangen wir an!
Kannst du auch etwas fürs Büffet mitbringen?
Hoffentlich kannst du kommen! Schreib uns doch eine E-Mail oder ruf uns an! ...

3. ... Sie können mir gratulieren – am 30. Mai werde ich 50 Jahre alt! Das möchte ich mit Ihnen feiern. Und zwar in der Mittagspause. Es gibt Prosecco und kleine Häppchen.
Haben Sie Zeit? Bitte rufen Sie mich doch kurz zurück oder schreiben Sie mir eine Mail. ...

E3e) 1. dir; ihm 2. sie 3. ihr 4. ihn 5. ihnen 6. ihn; ihr

F. Freizeit und Hobby

F1

F1a) 1. Sport: Fußball spielen; joggen; Fahrrad fahren; Tennis spielen; schwimmen 2. Natur: in den Park gehen; im Garten arbeiten; spazieren gehen 3. Musik: Musik hören; ins Konzert gehen; Gitarre spielen; tanzen 4. Kultur: ins Kino gehen; ein Buch lesen; ins Museum gehen; einen Film sehen 5. Familie und Freunde: Karten spielen; ins Café gehen; grillen; eine Party machen

> Manchmal kann es auch mehrere Lösungen geben: *ins Kino gehen* passt zum Beispiel nicht nur zum Thema „Kultur", sondern auch zu „Familie und Freunde".

F1b) 1. Sara geht gern ins Café, sie mag Fußball und sie tanzt gern. 2. Tom spielt gern Volleyball, er mag Autos und er fotografiert gern. 3. Lena grillt gern, sie arbeitet gern im Garten und sie reist gern. 4. Barbara schwimmt gern, sie mag Musik und sie kocht gern. 5. Marc spielt gern Fußball und er geht gern in den Park. 6. Annette mag Partys, sie geht gern spazieren und sie spielt gern Karten.

F1c) 1. Ich schwimme gern, ich tanze noch lieber, aber am liebsten reise ich. 2. Du joggst gern, du spielst noch lieber Fußball, aber am liebsten spielst du Volleyball. 3. Wir spielen gern Karten, wir spielen noch lieber am Computer, aber am liebsten sehen wir einen Film. 4. Barbara hört gern Musik, sie tanzt noch lieber, aber am liebsten geht sie ins Restaurant. 5. Sara und Annette gehen gern ins Café, sie gehen noch lieber spazieren, aber am liebsten gehen sie auf Partys.

F2

F2a) 1. i) 2. b) 3. c) 4. e) 5. h) 6. j) 7. g) 8. a) 9. d) 10. f)

F2b) Nachrichten: Tagesschau; heute; RTL aktuell
Doku und Reportage: W wie Wissen; Weltspiegel; ZDF-Reportage
Sportsendung: Sportschau; ZDF-Sportreportage
Reality-Show: Schwiegertochter gesucht
Spielfilm: Inga Lindström: Mia und ihre Schwestern; Lara Croft
Krimi: Tatort

F2c) 1. ● Was kommt heute Abend im Fernsehen? (identisch bei 1. bis 5.)
■ Um 18 Uhr kommt eine Sportsendung.
● Möchtest du die Sportsendung sehen?
■ Ja, gern! (identisch bei 1. bis 5.)

2. ... ■ Um 19 Uhr 10 kommt ein Politmagazin.
● Möchtest du das Polit-Magazin sehen? ...

3. ... ■ Um 17 Uhr 10 kommt ein Trickfilm.
● Möchtest du den Trickfilm sehen? ...

4. ... ■ Um 20 Uhr kommen Nachrichten.
● Möchtest du die Nachrichten sehen? ...

F3

F3b) 1. ● Was machen wir heute?
■ Es ist warm. Wir können ins Schwimmbad gehen.
● Gut, gehen wir ins Schwimmbad zum Schwimmen.

2. ● Was machen wir heute?
■ Es schneit. Wir können in die Berge fahren.
● Gut, fahren wir in die Berge zum Skifahren

3. ● Was machen wir heute?
■ Es regnet. Wir können ins Kaufhaus gehen.
● Gut, gehen wir ins Kaufhaus zum Einkaufen.

4. ● Was machen wir heute?
■ Ich brauche Bewegung. Wir können in den Park gehen.
● Gut, gehen wir in den Park zum Joggen.

5. ● Was machen wir heute Mittag?
   ■ Das Wetter ist gut. Wir können in den Garten gehen.
   ● Gut, gehen wir in den Garten zum Grillen.

6. ● Was machen wir heute Abend?
   ■ Ein guter Film kommt. Wir können zu Hause bleiben.
   ● Gut, bleiben wir zu Hause zum Fernsehen.

F3c) 1. Ich gehe in die Stadt. 2. Du gehst ins Büro. 3. Marc geht in den Supermarkt. 4. Lena geht ins Elektrogeschäft. 5. Stefan geht in die Bäckerei. 6. Sandra geht ins Fitness-Studio. 7. Ihr geht in die Arbeit. 8. Babs und Timo gehen in den Deutschkurs.

F3d) 1. Am Donnerstag gehen wir in die Pinakothek, in den Englischen Garten und ins Stadtmuseum. 2. Am Freitag gehen wir in die Frauenkirche, auf den Viktualienmarkt und an die Isar. 3. Am Samstag fahren wir auf den Olympiaturm, ins Olympiastadion und an den Starnberger See. 4. Am Sonntag gehen wir ins Deutsche Museum, in die Allianz-Arena und ins Hofbräuhaus.

F4

F4a)
1. ● Wo warst du am Wochenende, Sara?
   ■ Ich war im Schwimmbad.
   ● Und wie war es? ■ Es war schön!

2. ● Wo warst du am Wochenende, Timo?
   ■ Ich war in der Kneipe.
   ● Und wie war es?
   ■ Es war voll und laut!

3. ● Wo warst du am Wochenende, Katja?
   ■ Ich war in den Bergen.
   ● Und wie war es? ■ Es war gut!

4. ● Wo warst du am Wochenende, Ben?
   ■ Ich war am See.
   ● Und wie war es? ■ Es war toll!

5. ● Wo waren Sie am Wochenende, Herr Müller? ■ Ich war im Park.
   ● Und wie war es? ■ Es war schön!

6. ● Wo wart ihr am Wochenende, Lea und Roman?
   ■ Wir waren auf einer Party.
   ● Und wie war es? ■ Es war lustig!

7. ● Wo warst du am Wochenende, Marc?
   ■ Ich war zu Hause.
   ● Und wie war es? ■ Es war langweilig!

F4c)
Infinitiv	Perfekt
gehen	ist gegangen
schmecken	hat geschmeckt
kommen	ist gekommen
anrufen	hat angerufen
antworten	hat geantwortet
lernen	hat gelernt
sehen	hat gesehen
aufwachen	ist aufgewacht
fahren	ist gefahren
frühstücken	hat gefrühstückt
machen	hat gemacht
ansehen	hat angesehen

F4d) Lieber Ben,
ich <u>habe</u> deine E-Mail <u>gelesen</u> und ich muss sagen: Du bist sehr aktiv!
Ich <u>habe</u> am Wochenende gar nichts <u>gemacht</u>. Langweilig! Aber ich <u>hatte</u> viel Zeit, das <u>war</u> auch schön.
Am Freitagabend <u>war</u> ich total müde. Ich <u>habe</u> ein bisschen <u>ferngesehen</u> (einen Krimi) und <u>bin</u> schon um zehn ins Bett <u>gegangen</u>. Am Samstag <u>habe</u> ich lange <u>geschlafen</u>, bis elf Uhr! Ich <u>habe</u> schnell <u>eingekauft</u>. Dann <u>habe</u> ich <u>gekocht</u>. Ich koche am Wochenende gern, denn ich muss von Montag bis Freitag in der Kantine essen.
Ich <u>habe</u> aber nicht allein <u>gegessen</u>: Timo <u>ist gekommen</u>. Er <u>hat</u> von eurem Abend in der Disco <u>erzählt</u>. Ich bin immer gut informiert, wie du siehst!
Heute <u>habe</u> ich mal wieder die Wohnung sauber <u>gemacht</u>. Dann <u>habe</u> ich ein Buch <u>gelesen</u>. Am Abend <u>habe</u> ich lange mit Sylvia <u>telefoniert</u>. Du weißt, ich <u>habe</u> sie letztes Jahr im Urlaub <u>getroffen</u>. Vielleicht besucht sie mich mal. ...

G. Unterwegs

G1

G1a) 1. Geschäftsreise 2. Familientreffen 3. Urlaubsreise

G1b) Herr Obermeier:
1. Herr Obermeier kauft eine Zugfahrkarte.
2. Er reserviert einen Platz im Zug.
3. Er nimmt Dokumente und Papiere mit.
4. Er liest im Zug das Protokoll vom letzten Treffen. 5. Er trifft seine Kollegen. 6. Er spricht mit den Kollegen über die Arbeit.
7. Er fährt wieder nach Hause.

Frau Hummels Kinder:
1. Frau Hummels Kinder kaufen ein Geschenk. 2. Sie backen einen Kuchen.
3. Sie fahren mit dem Auto nach Köln.
4. Sie sagen: „Alles Gute zum Geburtstag!"
5. Sie trinken Kaffee und essen Kuchen.
6. Sie machen viele Familienfotos.
7. Sie fahren wieder nach Hause.

Eva und Sven:
1. Eva und Sven lesen Reiseprospekte.
2. Sie buchen das Hotel und den Flug.
3. Sie packen den Koffer. 4. Sie fliegen nach Spanien. 5. Sie gehen an den Strand.
6. Sie liegen in der Sonne und schwimmen im Meer. 7. Sie fliegen wieder nach Hause.

G1c) 1. ● Wohin fährst du?
 (identisch bei 1. bis 8.)
 ■ Ich fahre nach Berlin.
 ● Nimm einen Stadtplan mit!

2. ... ■ Ich fahre nach Süditalien.
 ● Pack einen Sonnenhut ein!

3. ... ■ Ich fahre nach London.
 ● Nimm einen Regenschirm mit!

4. ... ■ Ich fahre in die Türkei.
 ● Pack Badesachen ein!

5. ... ■ Ich fahre in die Schweiz.
 ● Nimm Schweizer Franken mit!

6. ... ■ Ich fahre nach Paris.
 ● Pack den Fotoapparat ein!

7. ... ■ Ich fahre nach Schottland.
 ● Nimm eine warme Jacke mit!

8. ... ■ Ich fahre nach Deutschland.
 ● Pack ein Wörterbuch ein!

G2 1. Lisa fährt mit dem Fahrrad zur Arbeit.
2. Paul fährt mit dem Bus nach Hause. 3. Ich fahre mit dem Auto ins Büro. 4. Du gehst zu Fuß zum Einkaufen. 5. Wir fahren mit dem Zug nach Österreich. 6. Sara geht zu Fuß nach Hause. 7. Tom fährt mit der U-Bahn zum Deutschkurs. 8. Frau Roth fährt mit dem Auto nach Berlin. 9. Herr Mahr fährt mit dem Fahrrad zum Arzt. 10. Mein Sohn fährt mit der U-Bahn nach Hause.

> **Auch andere Lösungen sind möglich!**
> Nur das Verb muss richtig sein:
>
> Ich **fahre / gehe** zu Fuß ...
> Du **fährst / gehst** zu Fuß ...
> Wir **fahren / gehen** zu Fuß ...
> Lisa / Paul / Sara / Tom / Frau Roth /
> Herr Mahr / Mein Sohn **fährt / geht**
> zu Fuß ...

G3

G3b) Postkarte:
der Urlaub: Es ist sehr schön hier.
das Wetter: Die Sonne scheint und es hat 32 Grad.
das Hotel: Das Hotel ist wunderbar.
das Essen: Man isst hier nicht schlecht.
die Leute: Wir haben schon nette Leute getroffen.

E-Mail:
der Urlaub: Es war schrecklich.
das Wetter: Es war sehr heiß. Am Morgen hatte es schon 25 Grad.
das Hotel: Das Hotel hatte 250 Zimmer. Es war sehr voll und laut.
das Essen: Das Essen war nicht gut. Alles hat komisch geschmeckt.
die Leute: Immer sind Leute an unseren Tisch gekommen und haben mit uns gesprochen. (Wir hatten keine Ruhe und keine Zeit für uns.)

Lösungen

G3c) 1. Hast; habe 2. Bist; habe 3. wart; waren; war 4. hatte; habe 5. Hast; hatte 6. war; ist 7. war; habe 8. hatte; war

G3d) Liebe Lisa, lieber Paul, wir sind in der Türkei! Es ist wunderschön hier. Das Wetter ist gut und wir sind jeden Tag am Strand.
Viele Grüße
Anita, Tom und die Kinder

G3e) 1. Vor einem Jahr war er in Kanada. Das war super. 2. Vor zwei Jahren war er in Indien. Das war sehr interessant. 3. Vor drei Jahren war er in Russland. Das war wunderbar. 4. Vor vier Jahren war er in der Schweiz. Das war sehr gut. 5. Vor fünf Jahren war er in der Türkei. Das war wunderschön. 6. Vor sechs Jahren ist er nicht in Urlaub gefahren. Das war schrecklich.

G4

G4a) 1. Der Regionalexpress nach Buchloe fährt um 10 Uhr 19 ab. Er fährt von Gleis 27 ab. Er kommt um 11 Uhr 05 in Buchloe an. 2. Der ICE nach Hamburg-Altona fährt um 10 Uhr 20 ab. Er fährt von Gleis 14 ab. Er kommt um 16 Uhr 09 in Hamburg an. 3. Der ICE nach Berlin Ostbahnhof fährt um 10 Uhr 23 ab. Er fährt von Gleis 17 ab. Er kommt um 18 Uhr 30 in Berlin an. 4. Der Regionalexpress nach Augsburg Hauptbahnhof fährt um 10 Uhr 32 ab. Er fährt von Gleis 22 ab. Er kommt um 11 Uhr 18 in Augsburg an. 5. Der ICE nach Köln Hauptbahnhof fährt um 10 Uhr 55 ab. Er fährt von Gleis 15 ab. Er kommt um 15 Uhr 40 in Köln an.

G4b) 1. Ich bin in der Wandsbeker Chaussee.
● Entschuldigung, ich möchte gern zum Gerhart-Hauptmann-Platz.
■ Da müssen Sie umsteigen. Sie nehmen hier die S1 und fahren bis zum Berliner Tor. Am Berliner Tor nehmen Sie den Bus bis zum Gerhart-Hauptmann-Platz.
● Vielen Dank!

2. Ich bin am Tierpark.
● Entschuldigung, ich möchte gern zur Uhlandstraße.
■ Da müssen Sie umsteigen. Sie nehmen hier die U2 und fahren bis zum Berliner Tor. Am Berliner Tor nehmen Sie die U3 bis zur Uhlandstraße.
● Vielen Dank!

3. Ich bin in der Osterstraße.
● Entschuldigung, ich möchte gern zum Stephansplatz.
■ Da müssen Sie umsteigen. Sie nehmen hier die U2 bis zum Jungfernstieg. Am Jungfernstieg nehmen Sie die U1 bis zum Stephansplatz.
● Vielen Dank!

G4c) 1. Tom fährt am Montag nach Freiburg. Er fährt um 9 Uhr los. Er steigt in Mannheim um. Er kommt um 2 Uhr an. Er fährt am Donnerstag zurück.
2. Lena fährt am Dienstag nach Düsseldorf. Sie fährt um 9 Uhr los. Sie steigt in Köln um. Sie kommt um 2 Uhr an. Sie fährt am Freitag zurück.
3. Paul fährt am Mittwoch nach Zürich. Er fährt um 4 Uhr los. Er steigt in Winterthur um. Er kommt um 9 Uhr an. Er fährt am Sonntag zurück.
4. Reyhan fliegt am Donnerstag nach Istanbul. Sie fliegt um 8 Uhr 50 los. Sie kommt um 12 Uhr 15 an. Der Flug dauert 3 Stunden. Sie fliegt am Samstag zurück.
5. Piero fliegt am Freitag nach Rom. Er fliegt um 15 Uhr los. Er kommt um 16 Uhr 30 an. Der Flug dauert 1,5 Stunden. Er fliegt am Mittwoch zurück.
6. Jasmine fliegt am Samstag nach Dubai. Sie fliegt um 11 Uhr 55 los. Sie steigt in Frankfurt um. Sie kommt um 22 Uhr 50 an. Der Flug dauert 9 Stunden.

H. Arbeit, Beruf und Lernen

H1

H1a) Klassische Berufe:
1. e) 2. l) 3. b) 4. a) 5. n) 6. d) 7. k) 8. g)
9. c) 10. f) 11. m) 12. h) 13. j) 14. i)
Moderne Berufe:
1. c) 2. e) 3. a) 4. i) 5. b) 6. d) 7. h) 8. f)
9. g)

H1b) 1. die Architektin 2. der Arzt 3. der Bäcker 4. die Bankkauffrau 5. der Florist 6. die Fotografin 7. die Flugbegleiterin 8. der Grafiker 9. die Heilpraktikerin 10. die IT-Beraterin 11. der Kindergärtner 12. die Krankenschwester 13. die Köchin 14. der Lehrer 15. die Maklerin 16. die Polizistin 17. die Psychologin 18. die Reisekauffrau 19. die Schneiderin 20. die Steuerberaterin 21. der Verkäufer 22. die Werbekauffrau 23. die Zahnärztin

H2

H2a) **1. Vor der Schule**
Bis 3 Jahre alt: in die Kinderkrippe gehen
3 Jahre und älter: in den Kindergarten gehen
2. Schule
Klasse 1 bis 4: in/auf die Grundschule gehen
Klasse 5 bis 9: in/auf die Hauptschule gehen
oder: Klasse 5 bis 10: in/auf die Realschule gehen
oder: Klasse 5 bis 12: ins/aufs Gymnasium gehen
3. Nach der Schule
eine Ausbildung machen (dauert 2 bis 3 Jahre)
oder: an einer Fachhochschule oder an einer Universität studieren (dauert 3 bis 5 Jahre)
4. Beruf
Für diese Berufe muss man eine Ausbildung machen: Schneider, Bäcker, Bankkaufmann, Krankenpfleger, Verkäufer
Für diese Berufe muss man studieren: Arzt, Architekt, Lehrer, Psychologe, Zahnarzt

H2c) **Sara ist** 1985 geboren. In eine Kinderkrippe **ist sie** nicht gegangen. Aber **sie** war im Alter von vier bis sechs Jahren im Kindergarten. Danach **ist sie** in die Grundschule gegangen. Das waren vier Jahre, also von 1992 bis 1996.
Sie hatte schon als kleines Kind Tiere sehr gern. Mit zehn **hat sie** gesagt: „Ich möchte einmal in einem Zoo arbeiten!"
Von 1997 bis 2003 **ist sie** in die Realschule gegangen. Danach **hat sie** eine Lehrstelle als Tierpflegerin bekommen. Die Lehre hat drei Jahre gedauert.
2006 **hat sie** die Lehre beendet. Sie **hat viele** Bewerbungen geschrieben.
2007 **hat sie** eine Stelle im Zoo von Wuppertal gefunden. **Ihre** Arbeit gefällt **ihr** sehr gut – mit Tieren arbeiten ist nie langweilig!

H2d) 1. vor fünfzehn Jahren
2. vor zehn Jahren
3. vor vierzig Jahren
4. vor zwanzig Jahren

H2e) 1. Seit 2. vor 3. seit 4. seit 5. Vor 6. vor 7. vor 8. seit

H3

H3a) 1. Montag 2. Dienstag 3. Mittwoch 4. Donnerstag 5. Freitag 6. Samstag 7. Sonntag

H3b) 1. Januar 2. Februar 3. März 4. April 5. Mai 6. Juni 7. Juli 8. August 9. September 10. Oktober 11. November 12. Dezember

H3c) 1. Heute ist Dienstag, der vierte September. 2. Heute ist Mittwoch, der neunzehnte September. 3. Heute ist Samstag, der achte September. 4. Heute ist Sonntag, der dreiundzwanzigste September. 5. Heute ist Donnerstag, der sechste September. 6. Heute ist Montag, der siebzehnte September. 7. Heute ist Freitag, der einundzwanzigste September. 8. Heute ist Dienstag, der fünfundzwanzigste September.

H3e) 1. Das Konzert ist am dreiundzwanzigsten Februar um zwanzig Uhr.
2. Das Abendessen bei Tom und Sara ist am fünfundzwanzigsten Oktober um neunzehn Uhr.
3. Die Geburtstagsfeier von Lea ist am fünfzehnten April um neunzehn Uhr dreißig.
4. Ich muss am achtzehnten Dezember um zehn Uhr das Auto aus der Werkstatt holen.
5. Der Deutschkurs ist vom zehnten Januar bis zum fünften Februar, von acht Uhr dreißig bis zwölf Uhr fünfundvierzig.
6. Die Sprechstunde von Timos Lehrerin ist am achten März von dreizehn Uhr dreißig bis vierzehn Uhr dreißig.
7. Der Urlaub ist vom achtundzwanzigsten Juli bis zum dreizehnten August.

H4 1. - Ich kaufe ein Wörterbuch.
   - Ich frage meine Deutschlehrerin.
   - Ich frage meine Kollegen im Deutschkurs.

2. - Ich kaufe ein Grammatikbuch mit Kommentar in meiner Sprache.
   - Ich frage meine Deutschlehrerin.
   - Ich sehe die Grammatik in meinem Deutschbuch an.

3. - Ich mache einen Deutschkurs.
   - Ich suche eine Person, die meine Sprache lernt. Wir sprechen eine halbe Stunde Deutsch, dann eine halbe Stunde meine Sprache.
   - (In Deutschland, Österreich, der Schweiz:) Ich mache einen Computerkurs oder einen Kochkurs und spreche mit den Leuten dort.

4. - Ich mache etwas, das ich gern mache: Ich sehe einen deutschen Film, höre deutsche Musik, lese ein deutsches Buch ...
   - Ich mache mit Freunden einen Kurs. Das macht mehr Spaß als allein.
   - Ich mache einen Lernplan: Jeden Tag ein bisschen lernen!